AVGÖRANDE ÅR

Publicerad 2012 av Arktos Media Ltd.

Alla rättigheter förbehållna. Kopiering eller spridning av hela eller delar av denna publikation är förbjudna utan skriftligt tillstånd.

Tryckt i Storbritannien

ISBN **978-1-907166-73-0**

BIC-klassificering:
General and world history (HBG)
Philosophy (HP)

Omslagsbild: "Norns Weaving Destiny" av Arthur Rackham
Omslagsdesign: Andreas Nilsson

ARKTOS MEDIA LTD

www.arktos.com

AVGÖRANDE ÅR

OSWALD SPENGLER

AVGÖRANDE ÅR

TYSKLAND
OCH DEN VÄRLDSHISTORISKA
UTVECKLINGEN

*I världens tvång
väva nornorna,
de kunna intet vända eller ändra.*
R. WAGNER:
"Siegfried".

Originalets titel:
JAHRE DER ENTSCHEIDUNG

Översättningen är utförd av
N. G. Liliequist

Printed in Sweden.

STOCKHOLM 1934.
KURT LINDBERG, BOKTRYCKERIAKTIEBOLAG.

Översättarens förord

Ett litterärt verks överflyttning från ett språk till ett annat har väl oftast sin grund i att översättaren känner kongenialt med författaren, bejakar hans åsikter och vill sprida dem. Och genialt är förvisso det verk av Oswald Spengler, som härmed förelägges en svensk läsekrets, rikt på både stora och djupa, ja oftast sanna tankar, vilka i sig utgjort skäl nog för en översättning till varje annat språk än vårt. Och för varje annat folk, som aktar sitt eget liv och icke är i full färd att begå nationellt självmord. Annorlunda för oss svenskar, för vilka verket närmast måste bliva av teoretiskt intresse, visande på den utveckling den kommande tiden synes taga, en utveckling, som vi icke önska, icke hoppas, men frukta och tro bliva verklighet, om icke en ny livsuppfattning vinner insteg i all världen, en åskådning som sätter rätten i våldets ställe.

Ty det gäller allvar, om de enda målen för en stats politik verkligen ligga utom dess gränser, och måste nås, efter den av författaren högt prisade Bismarcks ord, med blod och järn; och ytterligare aktualitet få dessa tankar genom att författaren här kastat sig över den rasfråga, som i hans hemland blivit icke blott en befogad lag utan även ett absurt evangelium — o m det nu verkligen är sant, att sekelslutets arroganta bibelkritik och efterkrigsårens naiva asakult, som det förtäljes, mynnat ut i förkunnelsen att det gäller att lyda Ledaren framför Gud och att Jesus framträtt blott som en "arisk" stamledare — och nu med förakt för den objektiva vetenskapens rön uppställt ett eget rasbegrepp (vi kunna kalla det *race* eller kanske vitalras) såsom bärare av tanken på det herravälde över jorden, som enligt sakens egen natur ej vill erkänna någon medtävlare. Inför en dylik förkunnelse kan det väl vara en tröst att denna imperialism förnekas av Tysklands ledare i dag — och författaren uttalar sig ju ej heller om den djupare grunden till den utveckling, vars förfärande yttringar under gången mot avgörandet han blott vill skildra — men avgörande år komma även i världsåskådningarnas kamp, mellan gammalt och nytt, och Spenglers rasideal har ju till historisk betingelse det gamla Preussens rassplittrade junkervälde över ett slaviskt folkflertal med århundradens livegenskap i blodet. Icke så, som skulle vi svenskar ha rätt att förhäva oss över vår urgamla folkfrihet eller långt renare ras. Båda ärvde vi från våra fäder, men så illa ha vi förvaltat dem att vi nu med egna ögon skåda diktaturen och, om ännu ej rasligt, så dock folkligt splittrats i klass mot klass, eniga blott i det ohöljda, förment Spenglerska föraktet för det värdeskapande arbetets män, det osjälviska arbete för kommande släkten, som ger historien en djupare mening än våldsherraväldet över riken och folk, och som fått sitt svenska uttryck i Geijers götiska ord:

> De väldige herrar med skri och med dån
> slå riken och byar omkull;
> tyst bygga dem bonden och hans son,
> som så uti blodbestänkt mull.

Nils Liliequist.

Inledning

Ingen kan ha längtat mera än jag efter den nationella omvälvning, som skedde i år. Jag hatade den smutsiga revolutionen av 1918 alltifrån dess första dag såsom ett förräderi av den sämre delen av vårt folk emot den starka, oförbrukade delen, vilken reste sig 1914, emedan den kunde hava och ville hava en framtid. Allt vad jag sedan dess skrivit om politik har riktat sig mot de makter, som med våra fienders hjälp förskansat sig på vårt eländes och vår olyckas berg för att göra denna framtid omöjlig. Varje rad syftade att bidraga till deras störtande, och jag hoppas, att så varit fallet. Någonting m å s t e komma i någon skepnad för att befria de djupaste instinkterna i vårt blod från denna mara, om vi skulle få v a r a m e d o m att tala och handla vid de kommande avgörandena av det, som sker i världen. Världspolitikens stora spel är i c k e slut. De högsta insatserna, de göras först nu. Det gäller storhet eller förintelse för vart och ett av de levande folken. Men detta års tilldragelser giva oss hopp, att denna fråga ännu icke är avgjord för vårt vidkommande, hopp att vi — liksom på Bismarcks tid — ännu en gång skola bliva historiens subjekt och icke blott dess objekt. Det är väldiga årtionden, i vilka vi leva, väldiga, d. v. s. fruktansvärda och icke lyckliga. Storhet och lycka äro oförenliga, och valet står oss icke fritt. Lycklig blir ingen, var än i världen han i dag må leva; men det finnes möjlighet för många att efter sin personliga vilja skrida sin levnadsbana fram i storhet eller ringhet. Den däremot, som blott vill leva ett behagligt liv, han förtjänar icke att vara till.

Den handlande ser ofta icke långt. Han drives framåt utan att känna det verkliga målet. Han skulle kanske göra motstånd, om han såge det, ty ödets logik har aldrig tagit notis om mänskliga önskningar. Men det händer mycket oftare, att han går vilse, emedan han gjort sig en falsk bild av tingen omkring sig och inom sig. Det är historiekännarens stora uppgift att förstå sin tids faktiska förhållanden och att, utgående från dem, ana framtiden, tyda den, skildra den — den framtid som kommer antingen vi vilja eller icke. Utan skapande, anteciperande, varnande, l e d a n d e kritik är en epok av sådan innebörd som den närvarande icke möjlig. Jag skall varken klandra eller smickra. Jag avhåller mig från varje värdesättning av de ting, som nu först b ö r j a t uppstå. Verkligen värdesättas kan en händelse först då, när den är något avlägset förflutet och de slutliga goda eller dåliga resultaten för länge sedan blivit fakta, alltså efter årtionden. En mognad förståelse av Napoleon var icke möjlig före slutet av förra århundradet. Om Bismarck kunna ens vi ännu icke hava någon definitiv mening. Blott fakta stå fast. Omdömen vackla och växla. Och slutligen: en stor händelse b e h ö v e r icke samtidens värdesättning och dom. Historien själv skall döma, när ingen av de handlande mera lever.

Men d e t kan redan i dag sägas: den nationella omvälvningen av 1933 var något väldigt och skall så förbliva i framtidens ögon genom den elementära, övermänskliga k r a f t, med vilken den försiggick, och genom den andliga självtukt, med vilken den verkställdes. Detta var alltigenom preussiskt, liksom uppbrottet 1914, som på ett ögonblick förvandlade själarna. De tyska drömmarne reste sig lugnt med imponerande precision och banade väg för framtiden. Men just därför måste de medagerande hava detta klart för sig: det var ingen seger, ty motståndare fattades. Inför resningens makt försvann genast allt, som ännu var verksamt eller hade varit det. Det var ett löfte om k o m m a n d e segrar, vilka måste vinnas i svåra strider och för vilka här först skapades en valplats. De ledande hava påtagit sig fulla ansvaret därför, och de måste veta, eller lära sig, vad det betyder. Det är en uppgift, full av ofantliga faror, och den ligger icke inom Tyskland, utan utanför det, i krigens och katastrofernas värld, där allenast den stora politiken för ordet. Tyskland är mera än något annat land inflätat i alla andras öde, det kan mindre än något annat regeras

Inledning 9

så, som om det vore något för sig. Och dessutom: det är väl icke den första nationella revolutionen, den som nu inträffat — Cromwell och Mirabeau hava gått förut — men det är den första, som försiggår i ett politiskt vanmäktigt land i ett mycket farligt läge: detta stegrar kolossalt uppgifternas svårighet.

Alla dessa uppgifter äro ännu blott ställda, knappt förstådda, icke lösta. Nu är ingen tid och anledning till berusning och segerkänsla. Ve dem, som förväxla mobilisering och seger! En rörelse har nu först börjat, icke nått målet, och tidens stora frågor hava icke därigenom ändrats i någonting. De angå icke Tyskland ensamt, utan hela världen, och de äro icke frågor för de närmaste åren, utan för ett århundrade. För entusiasterna finns den faran, att de se läget för enkelt. Entusiasm passar icke ihop med mål, som ligga bortom generationer. Men först med sådana begynna historiens verkliga avgöranden.

Övertagandet av makten ägde rum i en virvel av styrka och svaghet. Jag ser med betänksamhet, att det dagligen firas med så mycket larm. Det vore riktigare, att vi sparade det till en dag av verkliga och slutliga resultat, d. v. s. u t r i k e s p o l i t i s k a resultat. Det finns inga andra. När de en gång vunnits, äro den närvarande stundens män, som togo det första steget, kanske länge sedan döda, kanske glömda och smädade, till dess en eftervärld erinrar sig deras betydelse. Historien är icke sentimental, och ve den, som tager sig själv sentimentalt.

I varje utveckling med sådan begynnelse ligga många möjligheter, om vilka deltagarna själva sällan äro riktigt medvetna. Den kan stelna i principer och teorier, gå under i politisk, social, ekonomisk anarki, resultatlöst återvända till begynnelsen, såsom man i Paris av år 1793 tydligt k ä n- d e, *que ça changerait.* På de första dagarnas rus — som självt ofta fördärvat kommande möjligheter — följer i regel en tillnyktring och osäkerhet om "nästa steg". Element komma till makten, vilka betrakta maktinnehavet som resultat och skulle vilja för evigt befästa ett tillstånd, som endast duger för stunden. Riktiga tankar överdrivas av fanatiker till den grad, att de upphäva sig själva. Det, som i början lovade stort, slutar i tragedi eller komedi. Vi vilja taga dessa faror i ögonsikte, i tid och nyktert, för att vara klokare än många generationer i förgången tid. Men om här skall läggas den varaktiga grunden till en stor framtid, på vilken kommande släkten kunna bygga, så kan detta icke ske, om icke gamla traditioner fortfarande hållas vid makt. Vad vi hava i blodet från våra fäder, idéer utan ord, är det enda som lovar beständighet åt framtiden. Vad jag för flera år sedan betecknade som preussisk anda ligger det makt uppå — det har just hållit provet — men icke något slags socialism. Vi behöva en fostran till p r e u s- s i s k hållning, sådan den var 1870 och 1914 och sådan den sover i våra själars djup såsom en ständig möjlighet. Endast genom levande förebild och sedlig självtukt hos ett befallande stånd kan detta uppnås, icke genom många ord eller genom tvång. S i g s j ä l v måste man behärska för att kunna tjäna en idé och av ö v e r t y g e l s e vara beredd till inre offer. Den, som förväxlar detta med det andliga trycket av ett program, inser icke vad här är fråga om. Därmed kommer jag tillbaka till den bok, med vilken jag 1919 begynte hänvisa till denna sedliga nödvändighet, utan vilken intet varaktigt kan uppnås: "Preussentum und Sozialismus". Alla andra folk hava präglats av sitt eget f ö r f l u t n a. V i hava icke haft något uppfostrande förflutet, och vi måste därför först väcka till liv, utveckla, fostra den karaktär, som ligger som ett embryo i vårt blod.

Åt detta mål ägnas även detta arbete, vars första del jag här framlägger. Jag gör som jag alltid gjort: jag giver ingen önskebild av framtiden och ännu mindre ett program till dess förverkligande, såsom tyskar för sed hava, utan en klar bild av de faktiska förhållandena, sådana de äro och komma att bliva. Jag ser längre än andra. Jag ser icke blott stora möjligheter, utan också stora faror, deras ursprung och kanske vägen att undgå dem. Och om ingen annan har mod att se och att säga, vad han ser, så vill jag göra det. Jag har r ä t t att kritisera, emedan jag i min kritik alltjämt visat vad som m å s t e ske, emedan det kommer att ske. En avgörande rad handlingar har begynts. Vad som en gång blivit ett faktum, kan aldrig

Inledning

tagas tillbaka. Nu måste vi alla skrida vidare i denna riktning, antingen vi velat den eller icke. Det skulle vara kortsynt och fegt att säga nej. Vad den enskilde icke själv vill göra, skall historien göra m e d honom. Men att bejaka förutsätter förståelse. Därtill skall denna bok tjäna. Den är en varning för faror. Faror finnas alltid. Varje handlande person är i fara. En fara är livet självt. Men den som knutit staters och nationers öde vid sitt privata öde, måste möta farorna med s e e n d e ögon. Och till att se hör kanske det större modet.

Denna bok har sitt ursprung i ett föredrag, "Tyskland i fara", som jag höll i Hamburg 1929 utan att möta mycken förståelse. I november 1932 gick jag att arbeta ut det som bok, fortfarande inför samma läge i Tyskland. Den 30 januari 1933 var den tryckt till sidan 116. Jag har ingenting ändrat däri, ty jag skriver icke för månader eller för nästa år utan för framtiden. Det, som är riktigt, kan icke upphävas genom en tilldragelse. Blott titeln har jag ändrat för att icke väcka missförstånd; det är icke den nationella rörelsens övertagande av makten, som är en fara, utan farorna voro förhanden, delvis sedan 1918, delvis mycket tidigare, och de kvarstå fortfarande, emedan de icke kunna avlägsnas genom en enstaka tilldragelse, vilken först behöver en flerårig och riktigt fortsatt utveckling för att vara verksam gentemot dem. Tyskland ä r i fara. Min ångest för Tyskland har icke blivit mindre. Segern i mars var för lätt för att öppna ögonen på segrarna för farans omfång, ursprung och varaktighet.

Ingen kan veta till vilka former, lägen och personligheter denna omvälvning leder och vilka reaktioner den har till följd utifrån. Varje revolution försämrar ett lands utrikespolitiska läge, och för att vara ställningen vuxen behöves en statsman av Bismarcks rang. Vi stå kanske redan tätt inför nytt världskrig, med obekant fördelning av makterna och med medel och mål — militära, ekonomiska och revolutionära — vilka icke kunna förutses. Vi hava icke tid att inskränka oss till inrepolitiska angelägenheter. Vi måste vara "i form" för varje tänkbar händelse. Tyskland är ingen ö. Om vi icke betrakta vårt förhållande t i l l v ä r l-

den såsom det viktigaste problemet just för oss, går ödet
— och vilket öde! — obarmhärtigt ut över oss.

Tyskland är det a v g ö r a n d e landet i världen, icke
blott på grund av sitt läge på gränsen till Asien, som i dag
i världspolitiskt avseende är den viktigaste delen av jorden, utan också därför att tyskarna ännu äro unga nog
att i s i g uppleva, gestalta, a v g ö r a de världspolitiska
problemen, medan andra folk blivit för gamla och oviga
för att kunna mer än a v v ä r j a. Men även i fråga om stora
p r o b l e m innebär offensiven det större löftet om seger.
Detta har jag beskrivit. Skall det göra åsyftad verkan?
München i juli 1933.

Oswald Spengler.

Den politiska horisonten

I.

Har någon människa av den vita rasen i dag en blick för det, som försiggår runt omkring på jordklotet? För storleken av den fara, som ligger och hotar över denna massa av folk? Jag talar icke om den bildade eller obildade mängden i våra städer, om tidningsläsare, om valdagarnas röstboskap — där det icke mera finnes någon rangskillnad mellan väljare och valda — utan om de vita nationernas l e d a n d e skikt, såvida de icke redan äro förintade, om statsmännen, såvida det finns några, om de ä k t a ledarna för politik och ekonomi, arméer och tänkande. Ser väl någon bortom dessa år och bortom sin del av jorden, sitt land, till och med bortom sin trånga verksamhetskrets? Vi leva i en ödesdiger tid. Den mest storartade historieepok, icke blott i Västeuropas faustiska kultur med dess väldiga dynamik, utan, och just på grund av denna, i hela världshistorien, har gjort sitt inträde, större och fruktansvärdare än Cæsars och Napoleons tider. Men huru blinda äro icke de människor, över vilka detta väldiga öde brusar i väg, virvlande dem om varandra, upplyftande dem och förintande dem! Vilken av dem ser och begriper, vad som sker med dem och kring dem? Kanske en gammal vis kines eller indier, som med en tusenårig forntid i sitt tänkande tigande blickar omkring sig i anden. Men huru ytligt, huru trångt, huru smått tänkt är icke allt, som framträder i omdömen och åtgärder i Västeuropa och Amerika! Vilken av invånarna i mellersta västern i Förenta staterna begriper verkligen något av det, som försiggår bortom Newyork och San Francisco? Vad anar en man av den engelska medelklassen av det, som förberedes på kontinenten mittemot, för att icke tala om den franska landsorten? Vad veta de alla om den riktning, i vilken deras eget öde rör sig? Då uppstå löjliga slagord såsom övervinnande av den ekonomiska krisen, samförstånd mellan folken, nationell säkerhet och autarki för att "övervinna" katastrofer generationer framåt genom *prosperity* och avrustning. Men jag talar här om Tyskland, som i de faktiska förhållandenas storm är mera hotat än något annat land och vars e x i s t e n s i ordets hela skrämmande betydelse står på spel. Vilken kortsynthet och bullersam ytlighet råda icke här, vilka provinsiella ståndpunkter dyka icke upp, då det är fråga om de största problem! Man må inom våra gränser grunda det tredje riket eller sovjetstaten, avskaffa hären eller egendomen, de ekonomiska ledarna eller lantbruket, giva de enskilda småstaterna så mycken självständighet som möjligt eller avskaffa dem, låta de gamla herrarna i industrien eller förvaltningen åter arbeta i sekelskiftets stil eller slutligen — man må göra en revolution, proklamera diktaturen, vartill en diktator nog sedan skall hittas — fyra dussin människor känna sig sedan lång tid tillbaka vuxna den platsen — och allt är så gott och väl. M e n T y s k l a n d ä r i n g e n ö. Intet annat land är i samma grad, aktivt eller passivt, inflätat i världsödet. Redan dess geografiska läge, dess brist på naturliga gränser döma det därtill. I adertonde och nittonde århundradet var det "Centraleuropa", i det tjugonde är det åter, som det var ifrån trettonde århundradet, ett gränsland mot "Asien", och ingen har större behov än tyskarna av att politiskt och ekonomiskt tänka långt utöver gränserna. Allt som sker i fjärran drager sina cirklar ända in i Tysklands inre. Men vårt förflutna hämnar sig, dessa sju århundraden av jämmerligt provinsiellt småstatsväsen utan en fläkt av storhet, utan idéer, utan mål. D e t kan icke tagas igen på två generationer. Och Bismarcks skapelse hade det stora felet att icke hava f o s t r a t det uppväxande släktet för de faktiska förhållandena i den nya formen av vårt politiska liv. Man såg dem, men förstod dem icke, tillägnade sig dem icke i sitt inre med deras horisonter, problem och nya plikter. Man l e v d e icke med dem. Och genomsnittstysken betraktade, n u s o m f ö r r, sitt stora lands öden partimässigt och partikularistiskt, det vill säga ytligt, trångt, dumt,

Den politiska horisonten 15

kråkvinkelsmässigt. Detta småaktiga tänkande började med den tid, då Hohenstaufenkejsarna, som hade blicken riktad ut över Medelhavet, och Hansan, som en gång härskat från Schelde till Novgorod, i följd av brist på realpolitiskt stöd i inlandet dukade under för andra makter med säkrare grund. Sedan dess spärrade man in sig i otaliga små fädernesland och kråkvinkelsintressen, mätte världshistorien från deras horisont och drömde hungrande och eländig om ett rike i det blå, för vilket man uppfann ordet tysk idealism. Till detta s m å a k t i g a, inhemskt tyska tänkande hör ännu nästan allt av politiska ideal och utopier som skjutit upp i Weimarstatens sumpmark, alla de internationella, kommunistiska, pacifistiska, ultramontana, federalistiska, "ariska" önskebilderna av det heliga romerska riket, sovjetstaten eller tredje riket. Alla partier handla och tänka, som om Tyskland vore ensamt i världen. Fackföreningarna se icke utöver industriens område. Kolonialpolitiken var dem f r å n f ö r s t a b ö r j a n förhatlig, emedan den icke passade i klasskampsschemat. I sin doktrinära inskränkthet begripa de icke eller vilja de icke begripa, att den ekonomiska imperialismen vid tiden omkring 1900 just för arbetaren var en förutsättning för hans existens med sin garanti för avsättning av produkterna och utvinnande av råämnen, vilket den engelska arbetaren för längesedan begripit. Den tyska demokratien svärmar för pacifism och avrustning utanför de franska maktgränserna. Federalisterna skulle ånyo vilja förvandla det lilla landet till en bunt dvärgstater och därmed giva främmande makter tillfälle att spela ut den ena mot den andra. Och nationalsocialisterna tro, att de kunna reda sig utan och emot världen, bygga sina luftslott utan tanke på en låt vara tyst, men mycket kännbar reaktion utifrån.

2.

Därtill kommer den allmänna å n g e s t e n f ö r v e r kl i g h e t e n. Vi "blekansikten" hava den alla, ehuru vi mycket sällan, de flesta aldrig, bliva medvetna om den. Det är den andliga svagheten hos alla höga kulturers senfödda barn, som i sina städer äro avskurna från den moderliga jordens bondeväsen och därmed från det n a t u r l i g a upplevandet av öde, tid och död. Människan har blivit alltför vaken, van att evinnerligen tänka på gårdag och morgondag, och kan icke fördraga att se det, som hon måste se: tingens obönhörliga gång, den m e n i n g s l ö s a slumpen, den v e r k l i g a historien med dess obarmhärtiga gång genom århundradena, i vilka den enskilde med sitt futtiga privatliv oåterkalleligen genom födelsen är satt på bestämd plats. Det är vad hon skulle vilja glömma, vederlägga, bestrida. Hon flyr ur historien till ensamheten, det må sedan vara till diktade och världsfrämmande system, till viljelös tro, till självmord. Hon sticker som en grotesk struts sitt huvud in i förhoppningar, ideal, optimism: det är så, men det borde icke vara så, alltså är det annorlunda. Den, som om natten sjunger i skogen, gör det av ångest. Av samma ångest skriker i dag städernas feghet sin föregivna optimism ut i världen. De tåla icke mera verkligheten. De sätta sin önskebild av framtiden i stället för de faktiska förhållandena, ehuru historien ännu aldrig bekymrat sig om människornas önskningar — från de små barnens schlaraffenland till de storas världsfred och arbetarparadis.

Så litet man vet om framtidens händelser — blott den allmänna formen av kommande fakta och deras gång genom tiderna kan man sluta sig till ur jämförelsen med andra kulturer — lika säkert är det ändå, att framtidens drivande makter icke äro andra än den gångna tidens: den starkares vilja, de s u n d a instinkterna, rasen, viljan till ägande och makt; och däröver sväva drömmarna, utan verkan, ty de skola alltid förbliva drömmar: rättvisa, lycka och fred.

Men därtill kommer för vår kultur allt sedan femtonhundratalet den raskt växande omöjligheten för de flesta att överblicka den s t o r a politikens och ekonomiens händelser och förhållanden, vilka ständigt bliva allt mer och mer invecklade och dunkla, och att begripa de i dem verkande makterna och tendenserna och, än mindre, att behärska dem. De äkta statsmännen bliva allt sällsyntare. Det mesta, som åtgjorts i dessa århundradens historia, åtgjorts och icke skett spontant, det har gjorts av dilettanter, som

Den politiska horisonten 17

hade tur. Men de kunde alltid lita på folken, vilkas instinkt lät dem hållas. Först nu för tiden har denna instinkt blivit så svag och den taltrångda kritiken i sin glada ovetenhet blivit så stark, att en växande fara föreligger, att en verklig statsman och sakkunnig icke blir instinktivt gillad eller också om än blott under knot tåld, utan tvärtom genom motstånd från alla, som tro sig veta bättre, hindras att göra det, som måste göras. Det första fick Fredrik den store erfara, det sista höll på att bliva Bismarcks öde. Sådana ledares storhet och skapelser kunna först senare släkten, och icke ens de, uppskatta. Men detta beror på att samtiden inskränker sig till otacksamhet, på att den visar brist på förståelse och icke är i stånd att reagera. Särskilt tyskarna äro fallna för att misstänkliggöra, häckla och stjälpa skapargärningar. De sakna den historiska erfarenhet och starka tradition, som prägla det engelska livet. Diktarnas och tänkarnas folk, som är på väg att bliva ett folk av pratmakare och agitatorer! Varje verklig statsledare är impopulär, en följd av hans samtidas ängslan, feghet och okunnighet. Men även för att förstå detta måste man vara mer än "idealist".

Vi befinna oss i dag ännu i rationalismens tidevarv, som började i det adertonde århundradet och raskt närmar sig sitt slut i det tjugonde. Vi äro alla den tidens barn, antingen vi veta och vilja det eller ej. O r d e t är välbekant för envar, men vem känner allt vad därtill hör. Dit hör högmodet hos stadsbons rotlösa, av ingen stark instinkt ledda anda, som med förakt ser ned på en förgången tids blodfulla tänkande och gamla bondesläkters vishet. Dit hör det tidsskede, då var och en kan läsa och skriva och därför vill ha sitt ord med i laget och förstår allting bättre. Denna anda är besatt av begrepp, denna tidens nya gudar, och kritiserar världen. Den nuvarande duger ingenting till, vi kunna göra den bättre, gott, låt oss uppställa ett program för den bättre världen! Ingenting är lättare, blott man besjälas av rätt anda. Det kommer nog sedan att förverkligas av sig självt. Vi kunna tills vidare kalla det "mänsklighetens framåtskridande". Då det har ett namn, finns det till. Den, som tvivlar därpå, är inskränkt, reaktionär, kättare, framför allt en människa utan demokratisk dygd:

2. — *Avgörande år.*

bort med honom! Så har ångesten för verkligheten övervunnits av det a n d l i g a h ö g m o d e t, av inbilskheten på grund av okunnighet i alla livets angelägenheter, av andlig fattigdom, av brist på vördnad och slutligen av världsfrämmande dumhet, ty ingenting är dummare än den rotlösa stadsintelligensen. På engelska kontor och klubbar kallade man den *common sense,* i franska salonger *esprit,* vid tyska lärdomssäten det rena förnuftet. Bildningsbrackans ytliga optimism börjar f ö r a k t a historiens elementära fakta i stället för att, som förr, frukta dem. Var och en, som tror sig veta allting bättre, vill därför inordna dessa fakta i sitt för all erfarenhet främmande system och göra dem i begreppsavseende fullkomligare än de verkligen äro; han vill i andan hava dem under sin lydnad, emedan han icke mera u p p l e v e r dem, utan blott i a k t t a g e r dem. Denna doktrinära böjelse för teorier på grund av brist på erfarenhet eller, snarare, på grund av bristande anlag att g ö r a erfarenheter yttrar sig litterärt i ett outtröttligt uppställande av politiska, sociala och ekonomiska system och utopier och praktiskt i o r g a n i s a t i o n s r a s er ̓ i e t, som blir abstrakt självändamål och har till följd byråkratier, vilka gå under på sin egen tomhet eller förstöra levande ordningar. Rationalismen är i grund och botten ingenting annat än kritik, och kritikern är motsatsen till skaparen: han sönderdelar och hopfogar; avlelse och födelse äro honom främmande. Därför är rationalismens verk artificiellt och livlöst och d ö d a r, om det sammanträffar med verkligt liv. Alla dessa system och organisationer hava uppstått på papperet, metodiska och absurda, och leva b l o t t på papperet. Detta började på Rousseaus och Kants tid med filosofiska ideologier, som förlora sig i det allmänna, går i det nittonde århundradet över till vetenskapliga konstruktioner enligt naturvetenskaplig, fysikalisk, darwinistisk metod — sociologi, nationalekonomi, materialistisk historieskrivning — och förlorar sig i det tjugonde i tendensromanernas och partiprogrammens litterära gestaltning.

Men man må icke bedraga sig: idealism och materialism höra i l i k a m å t t o dit. De äro båda rationalistiska

Den politiska horisonten 19

alltigenom, Kant icke mindre än Voltaire och Holbach, Novalis lika väl som Proudhon, befrielsekrigens ideologer lika väl som Marx, den materialistiska historieuppfattningen i samma grad som den idealistiska: om man som dess "mening" och "ändamål" betraktar framåtskridandet, tekniken, "friheten", "flertalets lycka" eller blomstringen av konst, diktning och tänkande, det gör föga till saken. I båda fallen har man icke lagt märke till att ödet i historien beror på helt andra, starkare makter. Människans historia är krigshistoria. Av de få äkta historikerna av rang har ingen blivit populär, och av statsmännen blev Bismarck det först, då det icke mera hjälpte honom.

Men liksom idealismen och materialismen är r o m a n- t i k e n en yttring av rationalistisk förhävelse, av brist på sinne för verkligheten. Dessa tankeriktningar äro i grund och botten besläktade, och det torde vara svårt att hos någon politisk eller social romantiker finna gränsen dem emellan. I varje betydande materialist bor en hemlig romantiker.[1] Visst föraktar man andras kalla, ytliga, metodiska anda, men man äger själv tillräckligt av denna anda för att arbeta med samma medel, samma inbilskhet. Romantik är intet tecken på starka instinkter utan på ett svagt intellekt, som hatar sig självt. De äro alla barnsliga, dessa romantiker, män, som alltför länge eller för alltid förblivit barn utan förmåga av självkritik, men ständigt hämmade av det dova medvetandet om personlig svaghet och drivna av den sjukliga tanken att ändra om samhället, som för dem är alltför m a n l i g t, alltför s u n t, alltför n y k t e r t. Icke med kniven och revolvern som i Ryssland, nej bevars, utan med ädelt tal och poetiska teorier. Ve dem, om de icke hava nog artistisk begåvning för att åtminstone inbilla sig hava den felande skaparkraften. Men även då äro de kvinnliga och svaga: de kunna icke åstadkomma någon stor roman, någon sträng tragedi, ännu mindre en sluten stark filosofi; endast lyrik utan inre form, blodfattiga schemata och fragmenta-

---

[1] Hæckels "Världsgåtorna" t. ex. är en bok av en renodlad svärmare och svag logiker. Ty tron, som är starkare än alla bevis, kännetecknar romantikern.

20 *Avgörande år*

riska tankar komma till synes, världsfrämmande och världsfientliga ända till absurditet.

Men sådana voro också de eviga "ynglingarna" efter 1815 med sina gammaltyska rockar och tobakspipor, även Jahn och Arndt; till och med Stein kunde icke lägga så mycket band på sin romantiska smak för forntida regeringsformer, att han kunde göra bruk av sin stora praktiska erfarenhet för att vinna diplomatiska framgångar. Visst voro de hjältemodiga och ädla och varje ögonblick redo att bliva martyrer, men de talade för mycket om tyskt väsen och för litet om järnvägar och tullunion, och därför hava de blott varit till hinder för Tysklands v e r k l i g a framtid. Hade de någonsin hört den store Friedrich Lists namn, han som begick självmord 1846, emedan ingen begrep och understödde hans, siarens, realpolitiska mål, uppbyggandet av en tysk folkhushållning? Men namnen Arminius och Thusnelda, dem kände de alla.

Och precis samma eviga ynglingar finnas i dag återigen, omogna, utan någon erfarenhet eller vilja att skaffa sig sådan. Men de skriva och konversera om politik utan att låta sig hejda, äro hänförda av uniformer och märken och med en fanatisk tro på den ena eller andra teorien. Det finns en den svärmiska kommunismens socialromantik, en politisk romantik, som håller valsiffrorna och bruset av tal till massorna för att vara d å d, och en ekonomisk romantik, som utan all kännedom om en reell ekonomis inre former löper i hälarna på sjuka hjärnors penningteorier. Endast i massa tycka de sig vara något, emedan de där kunna döva den dunkla känslan av sin svaghet genom att mångfaldiga sig. Och detta kalla de av individualismens övervinnande.

Och som a l l a rationalister och romantiker äro de sentimentala som en schlagermelodi. Redan *Le Contrat social* och människorättigheterna stamma från sentimentalitetens tidsålder. B u r k e däremot betonade såsom en äkta statsman med rätta, att hans landsmän krävde sina rättigheter icke som människor utan som engelsmän. Det var praktiskt och politiskt tänkt, icke rationalistiskt ur känslornas bristande tukt. Ty denna sjukliga sentimentalitet, som

Den politiska horisonten 21

ligger som en mara över alla teoretiska strömningar i de senaste två århundradena, över liberalism, kommunism, pacifism, och över alla böcker, tal och revolutioner, stammar från en andlig brist på självbehärskning, från personlig svaghet, från brist på tuktan genom en sträng gammal tradition. Den är "borgerlig" eller "plebejisk", om man tager dessa ord som skymford. Den betraktar de mänskliga tingen, historien, det politiska och ekonomiska ödet n e d i f r å n, litet och smått, från källargluggen, från gatan, litteratörkaféet, folkmötet, icke uppifrån och på avstånd. Allt slags storhet, allt som höjer sig, härskar och är överlägset, är förhatligt för den, och uppbyggande betyder för den i verkligheten ett n e d d r a g a n d e av alla kulturens, statens, samhällets skapelser till de små människornas nivå, över vilken dess tarvliga känsla icke höjer sig och icke begriper något. Endast detta är i dag folkligt och folkvänligt, ty "folk" betyder i varje rationalists och romantikers mun icke den f o r m f u l l a, av ödet under långa tiders förlopp danade, i skikt lagrade nationen, utan den del av den ytliga, f o r m l ö s a massan, där alla känna sig som likar från "proletariatet" till "mänskligheten".

Detta den rotlösa stadsandans herravälde lider nu mot slutet. Såsom den sista utvägen att förstå tingen, sådana de ä r o, visar sig s k e p t i c i s m e n, det grundliga tvivlet på det teoretiska tänkandets mening och värde, på dess förmåga att kritiskt och begreppsmässigt draga några slutsatser och praktiskt uträtta någonting: skepticismen i form av den stora historiska och fysionomiska erfarenheten, den omutliga blicken för fakta, den verkliga människokännedomen, som lär, hurudan människan varit och är och icke hurudan hon b o r d e vara, det äkta historiska tänkandet, som bland annat lär, huru ofta sådana tider av allsmäktig kritik redan förut funnits och huru resultatlöst de förgått; v ö r d n a d e n för världshändelsernas fakta, som till sin innebörd äro och förbliva hemligheter, som vi blott kunna beskriva, icke förklara, och som praktiskt endast kunna bemästras av människor av stark ras, s o m s j ä l v a ä r o h i s t o r i s k a f a k t a, och icke genom sentimentala program och system. Detta hårda historiska vetande om fakta, sådant det begynt i detta århundrade, är odrägligt för veka, obehärskade naturer. De hata den, som konstaterar dessa fakta, och kalla honom pessimist. Nå ja, men denna s t a r k a pessimism, vartill hör människoföraktet hos alla stora dådkraftiga människor, vilka äro människok ä n n a r e, är något helt annat än pessimismen hos de små trötta själarna, som frukta livet och icke tåla att se verkligheten i ögonen. Det åtrådda livet i lycka och fred, utan fara, i idel behaglighet är tråkigt, gubbaktigt, och det är dessutom blott tänkbart, icke möjligt. På detta faktum, på historiens v e r k l i g h e t, strandar varje ideologi.

3.

Vad världsläget nu för tiden beträffar äro vi alla i fara att se det falskt. Sedan det amerikanska inbördeskriget (1865), det tysk-franska kriget (1870) och den viktorianska tiden har ända till 1914 ett så osannolikt tillstånd av ro och trygghet, av en tillvaro, som förlöper fridfullt och sorglöst, utbrett sig över de vita folken, att man förgäves söker efter något liknande i alla föregående århundraden. Den, som upplevat detta eller hört därom av andra, faller ständigt för frestelsen att anse det för n o r m a l t och att uppfatta den kaotiska nutiden som en störning av detta naturliga tillstånd samt att önska, att det "äntligen en gång måtte gå uppåt igen". Nå, detta torde aldrig bli fallet. Dylikt kommer aldrig åter. Man känner icke o r s a k e r n a till detta i längden ohållbara tillstånd; det faktum, att de stående och alltjämt växande härarna gjorde ett krig så oberäkneligt, att ingen statsman vågade föra ett sådant; det faktum, att den tekniska ekonomien befann sig i febril rörelse, som måste taga ett hastigt slut, emedan den stödde sig på hastigt försvinnande betingelser, och slutligen det faktum, att bådadera sköto tidens svåra olösta problem allt längre fram i tiden och påförde barn och barnbarn dem såsom ett dåligt arv åt kommande släkten, tills man icke mera trodde på deras tillvaro, ehuru de i ständigt växande spänning stodo som hotande framtidsskuggor.

Ett långt krig uthärda blott få utan att fördärvas till själen; en lång fred tål ingen. Denna fredstid från 1870 till 1914 och minnet därav hava gjort alla vita människor mätta, lystna, omdömeslösa och utan kraft att tåla olycka; följden se vi i de utopiska föreställningar och krav, varmed i dag varje demagog uppträder, krav på tiden, staten, partierna, framför allt på "de andra", utan att ens erinra om gränserna för det möjliga, om plikt, gärning och försakelse. Denna alltför långa fred på den av växande oro skälvande marken är ett fruktansvärt arv. Ingen statsman, intet parti, knappt en politisk tänkare står i dag säker nog för att kunna säga sanningen. De ljuga alla, de instämma alla i den förvända och okunniga mängdens kör, som i morgon vill hava det lika som förut och ännu bättre, ehuru statsmännen och de ekonomiska ledarna borde bättre känna den fruktansvärda verkligheten. Men vad för ledare hava vi i dag i världen? Denna fega och o ä r l i g a optimism förkunnar en gång i månaden den stigande konjunkturen och *prosperity,* så snart ett par haussespekulanter låtit börskurserna stiga en aning; slut på arbetslösheten, blott för att 100 man få anställning någonstädes och, framför allt, det uppnådda "samförståndet" mellan folken, så snart folkförbundet, denna svärm av sommargäster, som leva som parasiter vid Genèvesjön, fattar något beslut. Och i alla folkförsamlingar och tidningar genljuder ordet kris som uttryck för en övergående störning av välmåendet, med vilket man ljuger för sig själv om det faktum, att det är fråga om en katastrof av oöverskådliga mått, den n o r m a l a form, vari historiens stora omvälvningar försiggå.

Ty vi leva i en väldig tid. Det är den största, som västerlandets kultur någonsin upplevt och kommer att uppleva, lik den som antiken från Cannæ till Actium, ur vilken namnen Hannibal, Scipio, Gracchus, Marius, Sulla och Cæsar lysa fram. Världskriget var för oss blott den första blixten och skrällen ur åskmolnet, som ödesdigert drager fram över detta århundrade. V ä r l d e n s f o r m omskapas i dag från grunden, liksom fordom genom det begynnande *imperium romanum,* utan att "flertalets" vilja och önskan beaktas och utan att de offer räknas, som v a r j e sådant avgörande fordrar. Men vem förstår det? Vem tål det? Vem känner det som en lycka a t t v a r a m e d d ä r o m? Tiden är väldig, men så mycket mindre äro människorna. D e tåla icke mera någon tragedi, varken på scenen eller i verkligheten. Ömkliga och trötta som de äro, önska de sig blott ytliga underhållningsromaners *happy end*. Men ödet, som kastat in dem i dessa årtionden, tager dem i kragen och gör med dem, vad som måste göras, vare sig de vilja det eller icke. Den f e g a säkerheten från det slutande århundradet är förbi. L i v e t i f a r a, historiens e g e n t l i g a liv träder åter till sin rätt. Allt har kommit på glid. Nu räknas blott den människa, som v å g a r något, som har mod att se och taga sakerna som de äro. Den tiden kommer — nej, den är redan inne — som icke har rum för veka själar och klena ideal. Det urgamla barbariet, som i århundraden legat dolt och fjättrat under en hög kulturs pedanteri, det vaknar åter upp, nu då kulturens skede är fullbordat och civilisationens begynt, det är den krigiska sunda glädjen över den egna kraften, som föraktar det rationalistiska tänkandets litteraturmättade tidsålder, det är den obrutna rasinstinkten, som vill leva på annat sätt än under trycket av lästa bokmängder och deras ideal. Hos en västerländsk nationalitet lever ännu tillräckligt därav och även på de amerikanska prärierna och, där bortom, på den stora nordasiatiska slätten, där världserövrarna växa.

Är detta pessimism? Den, som känner det så, behöver förvisso den fromma lögnen eller idealens och utopiernas slöja för att vara skyddad för åsynen av verkligheten och f r ä l s t därifrån. Det är möjligt, att flertalet vita människor gör detta, säkerligen i detta århundrade, men månne i nästa? Deras förfäder på folkvandringens och korstågens tid voro annorlunda. De föraktade det som feghet. På grund av denna feghet inför livet uppstodo i den indiska kulturen vid samma tider buddhism och besläktade riktningar, som nu börja bliva på modet hos oss. Det är väl möjligt, att här en sentida västerländsk religion är under bildning, kanske i kristen förklädnad, kanske icke, vem kan veta? Den religiösa "förnyelsen", som avlöser rationalismen som världsåskådning, innehåller dock framför allt möjlighet för

Den politiska horisonten 25

uppkomsten av n y a religioner. De trötta, fega, senila själarna vilja fly ur denna tid till något, som genom lärornas och brukens underligheter vaggar dem till glömska bättre än de kristna kyrkorna tydligen förmå. *Credo quia absurdum* flyter åter ovanpå. Men världslidandets djup, en känsla, som är lika gammal som grubblandet över världen själv, klagomålen över historiens absurditet och livets grymhet stamma icke från tingen själva, utan från d e t s j u k a t ä n k a n d e t ö v e r d e m. Det är den förintande domen över den egna själens värde och kraft. En djup världssyn är icke nödvändigt mängd med tårar.

Det finns en nordisk världskänsla — från England bort till Japan — full av glädje just över det svåra i det mänskliga ödet. Man utmanar det för att besegra det. Man går stolt under, om det visar sig starkare än den egna viljan. Sådan var åskådningen i de gamla äkta styckena av Mahabharata, som berätta om kampen mellan Kuruiderna och Pandas söner, hos Homeros, Pindaros och Aiskylos, i den germanska hjältediktningen och hos Shakespeare, i många sånger i den kinesiska Sju-king och i de japanska samuraiernas krets. Det är den t r a g i s k a uppfattningen av livet, som i c k e är utdöd i dag och som kommer att uppleva en ny blomstring i framtiden och redan h a r upplevt en sådan i världskriget. Därför hava alla sant stora diktare i alla nordiska kulturer varit tragiker, och tragedien har varit den djupaste formen av denna t a p p r a pessimism. Den, som icke kan uppleva, g e n o m l i d a en tragedi, kan icke heller vara en världsomskapande gestalt. Den, som icke upplever historien, sådan den verkligen är, d. v. s. tragisk, genomandad av ödet, för nyttighetsdyrkarens öga således utan mening, mål och moral, han är icke heller i stånd att g ö r a historia. Häri ligger skillnaden mellan det överlägsna och det underlägsna *ethos* i det mänskliga varat. Den enskildes liv är icke av vikt för någon annan än honom själv: om han vill rädda det undan ur historien eller offra det för den, därpå är det, som det kommer an. Historien har intet att skaffa med mänsklig logik. Ett åskväder, en jordbävning, en lavaström, vilka förinta liv utan att välja, de äro alla släkt med världshistoriens planlöst elementära händelser. Och även om folk gå under och åldrade kulturers gamla städer brinna eller sjunka i ruiner, kretsar dock jorden lugnt vidare omkring solen och stjärnorna vandra sin bana. Människan är ett r o v d j u r. Jag kommer att säga det om och om igen. Alla dygdemönster och socialetiker, som vilja vara eller komma därutöver, äro själva blott rovdjur med utdragna tänder, vilka hata andra för de angrepp, som de själva visligen undvika. Sen på dem: de förmå icke läsa en bok om krig, men de löpa samman på gatan, när en olycka hänt, för att reta sina nerver vid blodet och skriket, och om de icke ens våga detta, njuta de därav på filmen och i de illustrerade tidningarna. När jag kallar människan ett rovdjur, vem har jag då förolämpat, människan eller djuret? De stora rovdjuren äro ju ä d l a varelser av fullkomligaste slag och utan den lögnaktighet, som av svaghet vidlåder mänsklig moral.

De skrika: aldrig mera krig! Men de vilja kl a s s k a m p e n. De upproras, när en lustmördare avrättas, men de njuta i hemlighet, när de höra om mordet på en politisk motståndare. Hava de haft något att invända mot bolsjevikernas människoslakt? Nej, kampen är l i v e t s u r-
s p r u n g l i g a v ä s e n, ä r l i v e t s j ä l v t, och även den jämmerligaste pacifist lyckas icke alldeles utrota kamplusten i sin själ. Åtminstone teoretiskt skulle han vilja bekämpa och förinta alla pacifismens motståndare.

Ju djupare vi komma in i den faustiska världens cesarism, desto klarare kommer det att avgöras, vem som etiskt är bestämd till subjekt eller objekt för det historiska skeendet. Världsförbättrarnas trista tåg, som allt sedan Rousseau lunkat fram under århundradena och såsom enda minnesmärke av sin tillvaro lämnat kvar på vägen hela berg av makulatur, är förbi. Cesarerna skola träda i deras ställe. Den stora politiken såsom d e t m ö j l i g a s k o n s t fjärran från alla system och teorier, såsom mästerskapet i att som k ä n n a r e styra och ställa med de faktiska förhållandena och regera världen som en god ryttare blott genom tryck med skänkeln, träder åter in i sina eviga rättigheter.

Den politiska horisonten 27

Därför vill jag här endast visa, i vilket historiskt läge Tyskland och världen befinna sig, huru detta läge med nödvändighet framgår ur gångna århundradens historia för att oundvikligen skrida fram till vissa former och lösningar. D e t t a är öde. Man kan förneka det, men därmed förnekar man sig själv.

Världskrigen och världsmakterna

4.

Dessa års "världskris" fattas, såsom redan ordet visar, mycket för ytligt, för lätt och för enkelt, alltefter bedömarens ståndpunkt, intressen eller horisont: som produktionskris, arbetslöshetskris, valutakris, krigsskulds- och skadeståndskris, utrikes- eller inrikespolitikens kris, men framför allt såsom följd av världskriget, vilket enligt folks mening kunnat undvikas om den diplomatiska ärligheten och skickligheten varit större. Man talar, framför allt med en sidoblick på Tyskland, om krigsvilja och krigsskuld. Naturligtvis skulle Isvolski, Poincaré och Grey uppgivit sin avsikt att genom ett krig, vars inledande operationer började 1911 i Tripolis och 1912 på Balkan, föra den fullbordade inringningen av Tyskland till det önskade politiska resultatet, om de kunnat ana sina länders nuvarande tillstånd. Men skulle därigenom den våldsamma urladdningen av den icke blott politiska spänningen kunnat uppskjutas ännu ett årtionde, kanske med en något olika och mindre grotesk fördelning av makterna? Fakta äro alltid starkare än människor, och det möjligas sfär är till och med för en stor statsman mycket trängre, än lekmannen tänker sig. Och vad skulle därmed i h i s t o r i s k t avseende ändrats? Katastrofens f o r m och t e m p o, icke denna själv. Den var den n ö d v ä n d i g a avslutningen på ett århundrade av västerländsk utveckling, vilket alltsedan Napoleon i växande jäsning skridit emot denna katastrof.

Vi hava inträtt i v ä r l d s k r i g e n s t i d s å l d e r. Den börjar i nittonde århundradet och kommer att vara över det närvarande och sannolikt även över det nästa. Den betyder övergång från sjuttonhundratalets statsvärld till *imperium mundi*. Den motsvarar de två fruktansvärda århundradena mellan Cannæ och Actium, vilka från den

Världskrigen och världsmakterna 29

hellenistiska statsvärldens form inklusive Roms och Kartagos ledde över till *imperium romanum*. Liksom det senare omfattade området för den antika civilisationen och dess utstrålningar, alltså Medelhavsområdet, så kommer det förra att för en obekant tidrymd vara hela jordklotets öde. Imperialismen är en i d é, vare sig dess bärare och verkställare komma till medvetande om den eller icke. Den kommer kanske aldrig att bliva full verklighet i vårt fall, den kommer kanske att genomkorsas av andra idéer, som få liv utanför de vita folkens värld, men den ligger som en t e n d e n s till en stor historisk form i allt, som nu försiggår. Vi leva i dag "mellan tiderna". Västerlandets statsvärld i adertonde århundradet var byggd i en sträng stil liksom den höga musikens och matematikens samtidiga skapelser. Den var en förnäm form, icke blott i sin tillvaro, utan även i sina handlingar och tänkesätt. Överallt rådde en gammal och mäktig tradition. Det fanns förnäma konventionella regler för regerandet, för oppositionen, för staternas diplomatiska och krigiska relationer inbördes, för erkännandet av nederlaget och för kraven och medgivandena vid fredsslutet. Äran spelade ännu en obestridd roll. Allt gick ceremoniöst och hövligt till som vid en duell.

Sedan Peter den store i Petersburg grundat en stat av västerländska former, börjar ordet "Europa" tränga in i det allmänna språkbruket hos västerlandets folk och i följd därav oförmärkt, som det brukar ske, även i det praktiska politiska tänkandet och den historiska tendensen. Dittills hade det varit ett lärt uttryck i den geografiska vetenskapen, den vetenskap som sedan Amerikas upptäckande utvecklat sig genom kartritning. Det är betecknande, att man instinktivt icke ville räkna det turkiska riket dit, då ännu en verklig stormakt, som innehade hela Balkanhalvön och delar av södra Ryssland. Och Ryssland självt räknades med blott som Peterburgsregeringen. Huru många av de västerländska diplomaterna kände till Astrakan, Nisjnij Novgorod, eller ens Moskva, räknade dem av känsla och övertygelse till "Europa". Den västerländska k u l t u r e n s gräns har alltid legat där, varest den tyska koloniseringen gjort halt.

I detta "Europa" bildade Tyskland mitten, självt ingen stat, utan ett slagfält för verkliga stater. Här avgjordes, till stor del med tyskt blod, vem Främre Indien, Sydafrika och Nordamerika skulle tillhöra. I öster lågo Ryssland, Österrike och Turkiet, i väster Spanien och Frankrike, de sjunkande kolonialrikena, från vilka ön England tillvann sig primatet, från spanjorerna definitivt 1713, från fransmännen efter 1763. England blev den ledande makten i detta system, icke blott som stat, utan som stil. Det blev mycket rikt i förhållande till "kontinenten" — England har aldrig riktigt fattat sig som en del av "Europa" — och det använde denna rikedom i form av lejda soldater, matroser och hela stater, som emot subsidier marscherade för öns intressen.

Vid århundradets slut hade Spanien för länge sedan upphört att vara en stormakt och Frankrike var bestämt att gå samma väg: båda åldrade, förbrukade folk, stolta men trötta, vända emot det förflutna, utan den verkliga äregirigheten — som bör strängt skiljas från fåfänga — den att spela en s k a p a n d e roll även i framtiden. Hade Mirabeaus planer år 1789 lyckats, så skulle en någorlunda beständig konstitutionell monarki hava uppstått, som väsentligen nöjt sig med uppgiften att tillfredsställa bourgeoisiens och böndernas smak för ett rentierliv. Under direktoriet förelåg den sannolikheten, att landet, resignerat och matt på alla ideal, skulle givit sig till freds med vad slags regering som helst, vilken garanterade ro utåt och inåt. Då kom Napoleon, en italienare, som valt Paris till bas för sina maktsträvanden, och skapade i sina härar t y p e n f ö r d e n s i s t e f r a n s m a n n e n, som hållit Frankrike upprätt som stormakt ännu ett helt århundrade: tapper, elegant, skrävlande, rå, fylld av fröjd att döda, plundra, förstöra, med sin *élan* utan mål, blott för dess egen skull, med resultat att alla segrar trots oerhörd blodsutgjutelse icke bragt Frankrike den ringaste bestående fördel. Blott berömmelsen vann därpå, men icke ens äran. I själva verket var det ett jakobinideal, som i motsats till de små rentierernas och kälkborgarnas girondistiska ideal aldrig hade majoriteten bakom sig, men städse makten. Med denna draga utprägalt plebejiska former in i politiken i stället för de förnäma formerna i *l'ancien régime:* nationen som livlös, likartad m a s s a, kriget som massuppbåd, slaktningen som slösare av människoliv, de brutala fredssluten, de ofina advokatknepens diplomati. Men England behövde hela Europa och hela sin egen rikedom för att förinta denna en ende mans skapelse, vilken dock fortlevde som tanke. På Wienkongressen segrade det adertonde århundradet ännu en gång över den nya tiden. Detta var vad man sedan dess kallar "konservativt".

Det var blott en skenbar seger, vars resultat hela århundradet igenom ständigt var omtvistat. Metternich, vars politiska blick — vad man än må säga om hans person — trängde djupare in i framtiden än någon statsmans efter Bismarck, såg det med obeveklig klarhet: "Min hemligaste tanke är, att det gamla Europa står vid början av sitt slut. Jag är besluten att gå under med det, men jag skall veta att göra min plikt. Det nya Europa är å andra sidan ännu i vardande; mellan slutet och början kommer det att bliva ett kaos." B l o t t f ö r a t t s å l ä n g e s o m m ö j l i g t f ö r h i n d r a d e t t a k a o s uppstod de stora makternas jämviktssystem, begynnande med den heliga alliansen mellan Österrike, Preussen och Ryssland. Fördrag slötos, förbund söktes, kongresser höllos för att så vitt möjligt förhindra varje rubbning av det politiska Europa, som icke skulle hava tålt vid någon sådan; och då det oaktat krig utbröt mellan enskilda makter, rustade de neutrala genast för att vid fredsslutet trots obetydliga gränsförskjutningar upprätthålla jämvikten: Krimkriget är ett klassiskt exempel. Blott e n nybildning har inträffat: Tyskland, Bismarcks personliga skapelse, blev en stormakt och det i centrum av de äldres system. I detta enkla faktum ligger fröet till en tragik, som icke kunnat undvikas på något sätt. Men så länge Bismarck härskade — och han h a r härskat i Europa mer än någonsin Metternich gjorde det — ändrades ingenting i Europas politiska helhetsbild. Europa var för sig självt; ingen blandade sig i dess angelägenheter. Världsmakterna voro utan undantag e u r o p e i s k a makter. Och fruktan för upphävandet av detta tillstånd — vad

32 Avgörande år

Bismarck kallade *le cauchemar des coalitions* hör hit — vägledde alla dithörande staters diplomati. Men det oaktat var tiden redan 1878 mogen för det första världskriget. Ryssarna stodo framför Konstantinopel, England ville ingripa, Frankrike och Österrike likaså; kriget skulle genast hava utsträckts till Asien och Afrika och kanske Amerika, ty fram trädde nu hotet mot Indien från Turkestan, frågan om herraväldet över Egypten och Suezkanalen, det kinesiska problemet, och därbakom låg den begynnande tävlingen mellan London och Newyork, som icke glömt de engelska sympatierna för sydstaterna i secessionskriget. Endast Bismarcks personliga överlägsenhet sköt på framtiden det avgörande av de stora maktfrågorna, som var omöjligt på fredlig väg, men för det priset, att nu i stället för verkliga krig trädde en kapprustning för möjliga sådana, en ny form av krig i att ömsesidigt överflygla varann i antalet soldater, kanoner, uppfinningar och tillgängliga penningmedel, något som ökade spänningen till det olidliga. Och just då begynte Japan, alldeles obeaktat av Bismarckstidens Europa, att under Mutsuhito (1869) utveckla sig till en stormakt i europeisk stil med armé, taktik och rustningsindustri, och Förenta staterna drogo konsekvenserna av inbördeskriget 1861—1865, i vilket farmarnas och plantageägarnas element dukat under för kolets, industriens, bankernas och börsernas element: dollarn började spela en roll i världen.

Från århundradets slut blir detta statssystems förfall mycket tydligt, om än icke för de ledande statsmännen, bland vilka icke mera finnes någon enda av betydenhet. De gå alla helt upp i de invanda kombinationerna, förbunden och samförstånden, förlita sig alla för s i n ämbetstid på det yttre lugn, som representerades av de stående härarna, och tänka alla på framtiden som på en förlängd nutid. Och över alla städer i Europa och Nordamerika ekar ropet av triumf över det "mänsklighetens framåtskridande", som dagligen visade sig i längden på järnvägarna och tidningarnas ledare, i höjden på fabriksskorstenarna och de radikala valsiffrorna, i tjockleken på pansarplåtarna och aktiebuntarna i kassafacken; ett triumfrop, som överröstade dånet av amerikanska kanoner mot de spanska fartygen i Manila och Habana och även dånet av de nya japanska luftvärnskanonerna, varmed de små, av det dumma Europa bortskämda och beundrade gulingarna visade, på vilka svaga fötter vår världsdels tekniska överlägsenhet stod, och med vilka de återigen mycket eftertryckligt påminde det på sin västgräns stirrande Ryssland om Asien.

Och förvisso hade Ryssland just nu anledning att sysselsätta sig med Europa: det var klart, att Österrike-Ungern icke eller knappast skulle överleva kejsar Frans Josefs död, och frågan var, i vilka former dessa vidsträckta områden på nytt skulle ordnas, och om det skulle kunna ske utan krig. Utom olika motstridiga planer och tendenser inom Donauriket självt fanns det också förhoppningar hos grannar och därutöver förväntningar hos fjärmare makter, vilka önskade en konflikt här för att på annat håll komma egna mål närmare. Det europeiska statssystemet som enhet var nu slut, och det 1878 uppskjutna världskriget hotade att bryta ut f ö r s a m m a p r o b l e m s s k u l l o c h p å s a m m a s t ä l l e. Det skedde 1912.

Under tiden hade detta system begynt övergå i en form, som består ännu i dag och som erinrar om de sengrekiska och romerska århundradenas *orbis terrarum:* d å låg centrum hos grekernas gamla stadsstater inklusive Roms och Kartagos liknande stater och runt omkring "ländernas krets", som försåg dem med arméer och penningar för deras inbördes uppgörelser. Från arvet efter Alexander den store stammade Macedonien, Syrien och Egypten, från arvet efter Kartago Afrika och Spanien, Rom hade erövrat Nord- och Syditalien och Cæsar fogade Gallien till systemet. Kampen om vem som skulle organisera och behärska det kommande imperiet fördes, alltifrån Hannibal och Scipio till Antonius och Octavianus, med de stora randområdenas medel. Och på samma sätt utvecklade sig förhållandena i årtiondena närmast före 1914 En stormakt, i europeisk mening, var en stat, som på europeisk mark höll några hundratusen man under vapen och ägde nog av penningar och material för att, om det blev allvar, tiodubbla dem på kort tid, och som därtill i främmande världsdelar rådde över vidsträckta land-

3. — *Avgörande år.*

34   *Avgörande år*

områden, vilka med sina flottbaser, kolonialtrupper och befolkning av råvaruproducenter och produktionsavnämare bildade underlaget för moderlandets rikedom och därmed dess militära slagkraft. Det var i viss mån den dåvarande formen för det engelska imperiet, det franska Västafrika och det ryska Asien, medan i Tyskland ministrarnas och partiernas inskränkthet sedan årtionden försummat tillfället att i Centralafrika upprätta ett stort kolonialrike, som i händelse av krig skulle utgjort en makt även utan förbindelse med hemlandet och i varje fall hindrat den fullständiga utestängningen från haven. Av det hastigt påkomna strävandet att uppdela den ännu lediga världen i intressesfärer följde mycket allvarliga slitningar mellan Ryssland och England i Persien och Tschiliviken, mellan England och Frankrike i Faschoda, mellan Tyskland och Frankrike i Marocko, mellan alla dessa makter i Kina.

Överallt lågo anledningar till ett stort krig, som ständigt stod inför sitt utbrott med mycket olika fördelning av motståndare — i Faschodafallet och i den rysk-japanska konflikten stodo Ryssland och Frankrike å ena sidan samt England och Japan å den andra — tills det kom till utbrott 1914 i en fullkomligt meningslös form. Det var en belägring av Tyskland såsom "mittens rike" från hela världens sida, det sista försöket att på gammalt vis på tysk mark utkämpa de stora fjärrfrågorna, meningslöst både till mål och plats. Det skulle genast fått en helt annan gestaltning, om det lyckats att i tid förmå Ryssland till särskild fred med Tyskland, vilket n ö d v ä n d i g t skulle haft till följd, att Ryssland övergått på centralmakternas sida. I d e n gestalt det fick blev kriget ett nödvändigt fiasko, ty de stora problemen äro i dag lika olösta som förut och kunde alls icke lösas genom ett förbund mellan naturliga fiender som England och Ryssland, Japan och Amerika.

Detta krig betecknar slutet på alla traditioner från den stora diplomatien, vars sista representant Bismarck varit. Ingen av de ömkliga statsmännen begrep sitt ämbetes uppgifter och sitt lands historiska ställning. Mer än en har sedan tillstått, att han drivits in i händelsernas gång rådlös och motståndslös. Så gick det faktum, som hette Europa, genom dumhet och ynkedom till ända. Vem var här segrare, vem besegrad? 1918 trodde man sig veta det, och Frankrike åtminstone håller krampaktigt fast vid sin uppfattning, emedan det icke törs i sin själ uppgiva revanschtanken, den sista tanken i dess politiska tillvaro som stormakt. Men England? Eller Ryssland? Har här historien i Kleists novell "Tvekampen" utspelats i världshistorisk omfattning? Var Europa den besegrade? Eller traditionens makter? I verkligheten har e n n y v ä r l d sf o r m uppstått som förutsättning för kommande avgörelser, vilka skola bryta in med fruktansvärd kraft. Ryssland har blivit återerövrat av Asien till sin själ, och även beträffande det engelska imperiet kan man ifrågasätta, om dess tyngdpunkt längre ligger kvar i Europa. Återstoden av "Europa" befinner sig mellan Asien och Amerika — mellan Ryssland och Japan i öster och Nordamerika och de engelska dominions i väster — och består i dag i själva verket blott av Tyskland, som åter intager sin gamla rang som gränsmakt mot "Asien", av Italien, som är en makt, så länge Mussolini lever, och som kanske kommer att i Medelhavet lägga grunden till en verklig världsmakt, samt av Frankrike, som ännu en gång betraktar sig som Europas herre och till vars politiska institutioner höra både Nationernas förbund och sydoststaternas grupp. Men allt detta är kanske, ja sannolikt försvinnande företeelser. Förvandlingen av de politiska formerna i världen skrider raskt framåt, och ingen kan ana, huru Asiens, Afrikas och till och med Amerikas karta kommer att se ut om några årtionden.

5.

Vad Metternich förstod med det kaos, som han i det längsta ville hålla fjärran från Europa genom sin negativa, passiva verksamhet, vilken blott avsåg bevarandet av det bestående, det var emellertid mindre förfallet i detta statssystem med dess jämvikt mellan makterna än det jämsides därmed gående f ö r f a l l e t a v s j ä l v a s t a t shöheten i de enskilda länderna, vilken sedan dess så gott som gått förlorad för oss till och med såsom ett begrepp. Vad vi erkänna som "ordning" och fastställa i "liberala" författningar, är ingenting annat än en t i l l v a n a v o r d e n a n a r k i. Vi kalla det demokrati, parlamentarism, folklig självstyrelse, men det är faktiskt blott frånvaron av en om sitt ansvar medveten auktoritet, av en r e g e r i n g och därmed av en verklig s t a t. Mänsklig historia i de höga kulturernas tidsålder är politiska makters historia. Formen för denna historia är kriget. Även freden hör dit. Den är krigets fortsättning med andra medel: den besegrades försök att skaka av sig krigets följder i form av fördrag, segrarens försök att upprätthålla dem. En stat är en av den bildad och representerad folkenhets sätt att "vara i form", som den moderna sporttermen lyder, för verkliga och möjliga krig. Är denna form mycket stark, så äger den som sådan redan samma värde som ett segerrikt krig, som vinnes utan vapen, endast genom vikten av den till buds stående makten. Är den svag, så är den liktydig med ett ständigt nederlag i förhållandet till andra makter. Stater äro r e n t p o l i t i s k a enheter, enheter av den utåt verkande makten. De äro i c k e bundna vid enheter i språk, ras eller religion, utan stå ö v e r d e m. Om de täckas eller korsas av sådana enheter, blir deras kraft i följd av den inre motsägelsen i regel ringare, aldrig större. Den inre politiken är till blott för att trygga den yttres kraft och enhet. Där den fullföljer andra, egna mål, börjar förfallet, staten råkar ur form.

Men för att en makt skall "vara i form" som en stat bland andra stater, fordras framför allt styrka och enhet i ledningen, regeringen, auktoriteten; utan dem finns staten faktiskt icke till. Stat och regering äro samma form, tänkt som existens eller verksamhet. Det adertonde århundradets makter v o r o i form, strängt bestämd av dynastiens, hovets, societetens tradition och i betydlig mån därmed identisk. Ceremonielet, den fina societetens takt, de förnäma manéren i handel och vandel äro blott ett synligt uttryck därför. Även England var "i form": dess insulära läge ersatte väsentliga drag av staten, och i det regerande

Världskrigen och världsmakterna 37

parlamentet var en alltigenom aristokratisk, mycket verksam form för ärendenas behandling fastslagen genom gammal hävd. Frankrike råkade i revolution, icke därför att f o l k e t reste sig mot absolutismen, som alls icke mera var till finnandes här, icke heller på grund av eländet i landet och dess skuldsättning, som voro mycket större annorstädes, utan därför att a u k t o r i t e t e n v a r s t a d d i u p p l ö s n i n g. A l l a r e v o l u t i o n e r u t g å f r å n s t a t s h ö g h e t e n s f ö r f a l l. Ett gatutumult kan alls icke hava denna verkan. Det är blott en följd därav. En modern republik är ingenting annat än ruinen av en monarki, som uppgivit s i g s j ä l v.

Med det nittonde århundradet övergå makterna från den dynastiska statens form till nationalstatens. Men vad betyder detta? Nationer, d. v. s. kulturfolk, funnos naturligtvis långt förut. I det stora hela täcktes de även av de stora dynastiernas maktområden. Dessa nationer voro i d é e r, i den mening Goethe talar om sin tillvaros idé: den inre formen för ett betydande liv, som omedvetet och omärkligt förverkligar sig i varje handling, varje ord. Men "la nation" i 1789 års mening var ett r a t i o n a l i s t i s k t och r o m a n t i s k t ideal, en önskebild av renodlat politisk, för att icke säga social tendens. Detta kan ingen mera särskilja i vår ytliga tid. Ett ideal är ett resultat av t ä n k a n d e t, ett b e g r e p p eller en s a t s, som måste vara formulerad för att "hava" idealet. I följd därav blir det inom kort ett slagord, som man begagnar utan att tänka sig någonting därmed. Idéer däremot s a k n a o r d. De bliva sällan eller aldrig medvetna ens för sina bärare och kunna knappt heller av andra utsägas i ord. De måste k ä n n a s i bilden av det som sker, b e s k r i v a s i sina verkningar. Definieras kunna de icke. Med önskningar och ändamål hava de intet att skaffa. De äro den dunkla trängtan, som vinner gestalt i ett liv och ut över den enskildes liv strävar såsom ett öde åt ett visst håll: romardömets i d é, korstågens i d é, oändlighetssträvandets faustiska i d é.

De verkliga nationerna ä r o idéer, och det ännu i dag. Men vad nationalism efter 1789 innebär, det kännetecknas redan därav, att den förväxlar modersmålet med de stora städernas skriftspråk, på vilket var och en lär sig läsa och skriva, alltså med tidningarnas och flygbladens språk, varigenom var och en upplyses om nationens "rätt" och dess nödvändiga befrielse från det ena eller andra. Verkliga nationer äro, liksom varje levande kropp, av en rik inre sammansättning; de äro redan genom sin blotta t i l l v a r o ett slags ordning. Men den politiska rationalismen förstår med "nation" frihet f r å n och kamp m o t varje ordning. Nationen är för den lika med m a s s a, utan form och utan struktur, utan herre och utan mål. Detta kallar den f o l-k e t s s u v e r ä n i t e t. Den glömmer, och detta är betecknande, bondens sunda tänkande och kännande, den föraktar det äkta folklivets seder och bruk, vartill även, och det alldeles speciellt, hör vördnaden för auktoriteten. Den känner ingen pietet. Den känner blott principer, som stamma ur teorier. Framför allt den plebejiska jämlikhetsprincipen, d. v. s. den hatade kvalitetens ersättande med kvantiteten, den avundade begåvningens med antalet. Den moderna nationalismen e r s ä t t e r folket med massan. Den är revolutionär och stadsbetonad alltigenom.

Ödesdigrast är idealet av folkets regerande "genom sig självt". Men ett folk kan icke regera sig självt, lika litet som en armé kan leda sig själv. Det måste regeras och vill det också, så länge det äger sunda instinkter. Men det m e n a s något helt annat: f o l k r e p r e s e n t a t i o-n e n s begrepp spelar genast första rollen i varje sådan rörelse. Där komma personer, som utnämna sig själva till folkets "representanter" och rekommendera sig som sådana. De vilja alls icke "tjäna folket"; b e t j ä n a s i g a v f o l-k e t, det är vad de vilja, för egna mer eller mindre smutsiga ändamål, bland vilka tillfredsställandet av fåfängan är det oskyldigaste. De bekämpa traditionens makter för att sätta sig i deras ställe. De bekämpa statsordningen, emedan den hindrar deras verksamhet. De bekämpa varje slags auktoritet, emedan de icke vilja vara ansvariga för någon och själva undandraga sig varje ansvar. Ingen författning innehåller en instans, inför vilken p a r t i e r n a kunna ställas till rätta. De bekämpa framför allt statens långsamt framvuxna och mognade k u l t u r f o r m, emedan de icke hava den i n o m s i g, som den goda societeten hade, det adertonde århundradets *society*, och därför känna de den som ett tvång, vilket den i c k e är för kulturmänniskor. Så uppstår århundradets "demokrati", som icke är någon form, utan formlösheten, i ordets alla bemärkelser, satt i princip, parlamentarismen som författningsenlig anarki, republiken som negation av varje auktoritet. Så råkade de europeiska staterna ur form, ju mera "framstegsvänligt" de regerades. Detta var det kaos, som förmådde Metternich att bekämpa demokratien utan åtskillnad till dess riktning — befrielsekrigens romantiska lika väl som Bastiljstormarnas rationalistiska, vilka sedan förenade sig 1848 — och att vara lika konservativ gentemot alla reformkrav. I alla länder bildades sedan dess partier, d. v. s. jämte enstaka idealister grupper av yrkespolitiker av tvivelaktig härkomst och mer än tvivelaktig moral: journalister, advokater, börsjobbare, litteratörer, partifunktionärer. De regerade, i det de representerade vissa egna intressen. Monarker och ministrar hade alltid varit ansvariga för någon, åtminstone för den allmänna meningen. Dessa grupper däremot voro icke räkenskapsskyldiga mot någon. Pressen, som uppstått såsom organ för den allmänna opinionen, tjänade sedan länge den som betalade den; valen, som en gång i tiden voro uttryck för denna opinion, förde till seger det parti, bakom vilket de starkaste bidragsgivarna stodo. Om det trots detta ännu fanns ett slags statlig ordning, samvetsgrann styrelse och auktoritet, så var det r e sterna av det adertonde århundradets f o r m, som bevarats i monarkien, så konstitutionell den än var, i officerskåren, i den diplomatiska traditionen, i England i de urgamla sedvänjorna och inom parlamentet, framför allt i överhuset och dess två partier. Dem har man att tacka för allt, som trots parlamenten uträttats i statliga prestationer. Hade Bismarck icke kunnat stödja sig på sin konung, så hade han genast dukat under för demokratien. Den politiska dilettantismen, vars tummelplats parlamenten voro, betraktade därför också dessa traditionens makter med misstro och hat. Den bekämpade dem principiellt och ohejdat utan hänsyn till de yttre följderna. Så har inrikespoliti-

40 *Avgörande är*

ken överallt blivit ett område, som vida utöver sin egentliga betydelse nödtvunget drager till sig alla erfarna statsmäns verksamhet, förslösar deras tid och kraft, ett område, för vilket man glömt och vill glömma statsledningens ursprungliga m e n i n g, förandet av u t r i k e s p o l i t i k. Detta är det anarkiska mellantillstånd, som i dag betecknas som demokrati och som från förstörandet av den monarkiska statshögheten genom den politiska, plebejiska rationalismen leder över till framtidens cesarism, vilken i dag börjar så sakta giva sig till känna med diktatoriska tendenser och som är bestämd att oinskränkt härska på de historiska traditionernas ruinfält.

6.

Till de allvarligaste tecknen på statshöghetens förfall hör det faktum, att under loppet av det nittonde århundradet den uppfattningen tagit överhand, att ekonomien är viktigare än politiken. Bland dem, som i dag på något sätt stå avgörandena nära, finnes knappt någon, som bestämt förnekar detta. Man betraktar den politiska makten icke blott som ett element av det offentliga livet, vars första, om icke enda uppgift är att t j ä n a ekonomien, utan man väntar, att den fullkomligt f o g a r sig efter ekonomiens önskningar och åsikter och till sist låter sig k o m m e nd e r a s av de ekonomiska företagens ledare. Detta har också skett i vidsträckt omfattning; med vilket resultat, visar denna tids historia.

I verkligheten kunna politik och ekonomi i folkens liv icke åtskiljas. De äro, såsom jag alltjämt måste upprepa, två sidor av s a m m a liv, men de förhålla sig till varandra som förandet av ett fartyg till destinerandet av dess frakt. Ombord är kaptenen förste man, icke köpmannen, som äger lasten. Om i dag den uppfattningen är förhärskande, att den ekonomiska ledningen är det mäktigare elementet, så beror detta därpå, att den politiska ledningen hemfallit åt den partimässiga anarkien och knappt förtjänar namnet av en verklig ledning och att den ekonomiska ledningen därför skenbart ligger över. Men om efter en jordbävning ett hus blivit stående mitt ibland ruinerna, så har det icke nödvändigt därför varit det viktigaste. I historien har, så länge den förlöper "i form" och icke tumultuariskt och revolutionärt, den ekonomiske ledaren aldrig varit herre över avgörandena. Han fogade sig i de politiska betraktelserna, han tjänade dem med de medel, som han hade till förfogande. Utan en stark politik har det aldrig och ingenstädes funnits en sund ekonomi, ehuruväl den materialistiska teorien lär motsatsen. Adam Smith, dess grundläggare, hade velat se det ekonomiska livet som det egentliga mänskliga livet, penningförvärvet som historiens mening, och statsmännen plägade han beteckna som skadedjur. Men just i England har det icke varit köpmän och fabriksägare, utan äkta politiker, som de båda Pitt, vilka genom en storslagen utrikespolitik, ofta under det lidelsefullaste motstånd av de kortsynta ekonomerna, gjort den engelska ekonomien till den första i världen. Det var v e r k l i g a statsmän, som förde kampen mot Napoleon ända till gränserna av finansiellt sammanbrott, emedan de sågo längre än till nästa års handelsbalans, såsom nu är vanligt. Men i dag är det faktiskt så till följd av de ledande statsmännens obetydlighet, icke minst därför att de själva ofta ha privata affärsintressen — att det utslagsgivande ordet vid avgörandena tillkommer ekonomien, men ekonomien i d e s s f u l l a s t e o m f a t t n i n g: icke blott bankerna och koncernerna med eller utan partimässig förklädnad, utan även koncernerna för lönestegring och arbetsminskning, de som kalla sig arbetarpartier. Det senare är den nödvändiga följden av det förra. Däri ligger tragedien i varje ekonomi, som vill trygga s i g s j ä l v politiskt. Även detta började 1789 med girondisterna, som ville göra den välmående bourgeoisiens affärer till grundval för statliga myndigheters åtgöranden, vilket sedan under Ludvig Filip, borgarkonungen, i vid utsträckning blev ett faktum. Den beryktade parollen: *"Enrichissez-vous"* blev politisk moral. Den förstods och följdes blott allt för väl, och det icke blott av handel och industri och av politikerna själva, utan även av arbetarklassen, som nu — 1848 — också för sig utnyttjade fördelarna av statshöghetens förfall. Den under hela århundradet smygande revolutionen, som man kallar demokrati och som periodiskt framträder gentemot staten i revolter av massan genom valsedlar eller barrikader, och av "folkrepresentanterna" genom parlamentariskt störtande av ministärer och budgetvägran, får därigenom en ekonomisk tendens. Även i England, där Manchesterskolans frihandelslära av Trade Unions även tillämpades på handeln med varan "arbete", vilket Marx och Engels sedan teoretiskt utformat i det Kommunistiska manifestet. Därmed fullbordas politikens detronisering genom ekonomien, statens genom kontoret, diplomatens genom koncernledaren: här och icke i följderna av världskriget ligga fröna till nutidens ekonomiska katastrof. D e n ä r, så svår den är, ingenting annat än en följd av statsmaktens förfall.

Den historiska erfarenheten borde hava varnat århundradet. Aldrig hava ekonomiska företag verkligen nått sitt mål utan att vara täckta av en maktpolitiskt tänkande statsledning. Det är falskt, om man så bedömer vikingarnas rövarfärder, med vilka den västerländska folkvärldens herravälde till sjös begynner. Deras mål var självfallet att vinna byte — om det gällde land och folk eller skatter, det är en annan fråga. Men skeppet var e n s t a t f ö r s i g, och planen för färden, överbefälet, taktiken voro äkta politik. Där det av skeppet blev en flotta, kom det genast till grundande av stater, och det med mycket utpräglade suveräna regeringar såsom i Normandie, i England och på Sicilien. Den tyska hansan skulle hava förblivit en ekonomisk stormakt, om Tyskland själv blivit det politiskt. Allt sedan undergången av detta mäktiga stadsförbund, vars politiska tryggande ingen kände som en uppgift för en tysk stat, utträdde Tyskland ur västerlandets stora världsekonomiska kombinationer. Först i nittonde århundradet växte det åter in i dem, icke genom enskildas bemödanden, utan endast och allenast genom Bismarcks p o l i t i s k a skapelse, som var förutsättningen för den tyska ekonomiens imperialistiska uppsving.

Den maritima imperialismen, uttrycket för den faustiska "trängtan" efter det oändliga, hade begynt taga stora former, då handelsvägarna till Asien p o l i t i s k t spärrades genom Konstantinopels erövring av turkarna 1453. Detta blev den bakomliggande orsaken till upptäckten av sjövägen till Ostindien genom portugiserna och Amerikas upptäckande genom spanjorerna, bakom vilka företag stodo den tidens stormakter. De drivande motiven voro ärelystnad, äventyrslusta, lust efter kamp och fara, guldhunger, men alls icke "goda affärer". De upptäckta länderna skulle erövras och behärskas; de skulle stärka habsburgarnas makt i de europeiska kombinationerna. Det rike, i vilket solen icke gick ned, var en rent p o l i t i s k bildning, resultatet av en överlägsen statsledning och endast såtillvida ett fält för ekonomiska framgångar. Det blev icke annorlunda, då England vann försteget, i c k e genom sin ekonomiska styrka, som till en början alls icke var för handen, utan genom adelns kloka regemente, vare sig det utövades av tories eller whigs. Genom f ä l t s l a g har England blivit rikt, icke genom bokföring och spekulationer. Därför har det engelska folket, så "liberalt" det än tänkte och handlade, dock i praktiken varit det mest konservativa i Europa: konservativt i den betydelsen att det bevarat alla den förgångna tidens maktformer ända till de obetydligaste ceremoniella detaljer, även om man skulle vilja le däråt och ibland förakta dem. Så länge ingen starkare form var inom synhåll, behöll man alla de gamla: tvåpartisystemet, det sätt, varpå regeringen i sina beslut höll sig oberoende av parlamentet, överhus och kungamakt som retarderande moment i kritiska lägen. Denna instinkt har alltjämt räddat England, och om den i dag slocknar, så betyder det icke blott förlusten av dess politiska, utan också av dess ekonomiska världsställning. Mirabeau, Talleyrand, Metternich, Wellington, ingendera hade någon förståelse för ekonomien. Detta var visserligen ett aber. Men det hade varit sämre, om en ekonomisk fackman i stället försökt att göra politik. Först då imperialismen råkar i händerna på ekonomiska, materialistiska affärsmän, då den upphör att vara m a k t p o l i t i k, sjunker den mycket snabbt från det ekonomiska ledarskiktets intressen ned till kroppsarbetets klasskampsområde, och så sönderdelas de stora nationalhushållen och draga stormakterna med sig i avgrunden.

7.

Det nittonde århundradets stående härar hava varit det mest avgörande resultatet av den "nationella" revolutionen sedan 1789. De dynastiska staternas yrkeshärar ersattes av m a s s h ä r a r på den allmänna värnpliktens grund. Det var innerst inne ett jakobinideal: *la levée en masse* av 1792 motsvarande n a t i o n e n s o m m a s s a, vilken skulle organiseras i fullkomlig likformighet i stället för den gamla nationen, som vuxit fram organiskt delad i stånd. Att sedan något helt annat kom till synes i dessa likformade massors stormanfall, en praktfull, barbarisk, helt oreflekterad lust för fara, makt och seger, resten av en sund r a s, det som ännu levde kvar av nordisk hjälteanda i dessa folk, var en erfarenhet, som svärmarna för "människorättigheter" mycket snart fingo göra. Blodet var ännu en gång starkare än anden. Den teoretiska entusiasmen för idealet "folket i vapen" hade haft ett helt annat, mera medvetet och rationalistiskt mål än att frigöra dessa elementära drifter, även i Tyskland under och framför allt efter befrielsekrigen, där de ledde över till revolutionerna av 1830 och 1848. Dessa härar, "i vilka det icke fanns någon skillnad mellan hög och låg, rik och fattig", skulle vara en avbild av den kommande nationen, i vilken alla skillnader i rang, egendom och begåvning på olika sätt voro upphävda. Detta var den tysta tanken hos många frivilliga 1813, men också hos det litterära Unga Tyskland, hos Heine, Herwegh och Freiligrath och hos många Paulskyrkans män som Uhland. Den oorganiska jämlikhetens princip var för dem det avgörande. Sådana män som Jahn och Arndt anade icke, att det var jämlikheten, som lät ropet *Vive la nation* skalla f ö r f ö r s t a g å n g e n v i d s e p t e m b e r m o r d e n 1 7 9 2.
Man glömde ett grundläggande faktum: i de folkliga visornas romantik var blott tal om de simpla soldaternas hjälteanda, men det i n r e värdet av dessa i krigsyrket dilettantmässiga härar, deras anda, deras disciplin, deras utbildning berodde på o f f i c e r s k å r e n s egenskaper, och dess goda "form" berodde i sin tur helt och hållet på traditionerna

Världskrigen och världsmakterna 45

från det adertonde århundradet. Moraliskt blev även hos jakobinerna värdet av en trupp bestämt genom den officer, som f o s t r a t den genom sitt exempel. Napoleon bekände på S:t Helena, att han icke skulle blivit besegrad, om han till det präktiga soldatmaterialet i sina härar haft en officerskår sådan som den österrikiska, i vilken de ridderliga traditionerna om trohet, ära och tyst, osjälvisk disciplin ännu voro levande. Vacklar detta ledarskap i sitt sinnelag och sin hållning eller uppgiver det sig självt som 1918, så blir ett tappert regemente på ett ögonblick till en feg och hjälplös skock.

Vid den snabba sönderdelningen av maktf o r m e r n a i Europa skulle det hava varit ett under, om detta maktm e d e l hållit stånd däremot. Och likväl var det så. De stora härarna hava varit det nittonde århundradets mest konservativa element. Det var de, och icke den försvagade monarkien eller adeln eller ens kyrkan, som höllo den statliga auktoritetens form upprätt och livsduglig gentemot liberalismens anarkistiska tendenser. "Vad som skall växa upp ur gruset, kan ingen veta i dag; ett kraftelement har stått upp icke blott i Österrike, utan i hela det hårt pressade Europa, och detta element heter: de stående härarna; tyvärr är detta element endast ett bevarande, icke ett skapande element, och på skapandet komme det nu an", skrev Metternich 1849. Och visserligen berodde detta uteslutande på de stränga åsikterna hos officerskåren, efter vilka manskapet utbildats. Där det 1848 och senare kom till lokala myterier och tumult, låg skulden alltid hos officerarnas moraliska undermålighet. Politiserande generaler, som enbart från sin militära rang härlett förmågan och rätten till statsmannaomdömen och försökt handla därefter, har det alltid funnits, i Spanien och Frankrike liksom i Preussen och Österrike, men officerskåren som helhet nekade sig överallt en egen politisk mening. Blott härarna, icke kronorna höllo stånd 1830, 1848 och 1870.

Sedan 1870 hava de också förhindrat k r i g e t, emedan ingen mera vågade sätta denna väldiga makt i rörelse av fruktan för oberäkneliga följder, och därigenom hava de åstadkommit det abnorma fredstillståndet från 1870 till

1914, som nu gör det nästan omöjligt för oss att bedöma sakläget riktigt. I stället för direkta krig trädde nu det indirekta i form av en ständig höjning av krigsberedskapen, av tempot för rustningarna och de tekniska uppfinningarna, ett krig, i vilket det likaledes gavs segrar, nederlag och kortlivade fredsslut. Men detta slag av beslöjad krigföring förutsätter en nationell rikedom, sådan blott länder med stor industri utvecklat — den b e s t o d till stor del av denna industri själv, för såvitt den representerade ett kapital — och denna industri hade till förutsättning förekomsten av kol, den förutsättning på vilken industrierna uppbyggts. Till krigföring fordras pengar, till krigsförberedelse ännu mera. Så blev storindustrien själv ett v a p e n; ju starkare den var, dess säkrare tryggade den a priori framgången. Varje masugn, varje maskinfabrik stärkte krigsberedskapen. Utsikten till framgångsrika operationer blev mer och mer avhängig av möjligheten till obegränsad materialförbrukning, framför allt av ammunition. Man blev endast mycket långsamt medveten om detta faktum. Ännu vid fredsförhandlingarna 1871 satte Bismarck värde endast på strategiska punkter som Metz och Belfort, men icke på det lothringska malmområdet. Men då man sedan insåg förhållandet mellan ekonomi och krig, mellan kol och kanoner, sådant det nu bestod, vände sig bladet; den starka ekonomien hade blivit den avgörande förutsättningen för krigföringen; den krävde därför beaktande i första hand, och nu började i stigande mått kanonerna att tjäna kolet. Statstankens förfall i följd av parlamentarismens utbredning kom ytterligare till. Ekonomien — från trusten till fackföreningen — började regera med och genom sitt nej och sitt ja deltaga i bestämmandet av utrikespolitikens mål och metoder. Kolonial- och transmarinpolitiken blir en kamp om industriens avsättningsområden och råmaterialkällor och däribland i stigande grad en kamp om oljeförekomster. Ty oljan har börjat bekämpa, utträngd kolet. Utan oljemotorerna skulle automobiler, flygmaskiner och undervattensbåtar varit omöjliga.

I samma riktning förvandlades beredskapen för sjökriget. Ännu i början av det amerikanska inbördeskriget voro armerade handelsfartyg nästan jämbördiga med de samtidiga krigsfartygen. Tre år senare voro pansarskeppen ensamma herrar på havet. Från dessa slagskepp gick konstruktionen i rasande tempo till allt större och starkare typer, av vilka var och en efter ett par år var föråldrad, fram till sekelskiftets simmande fästningar, väldiga maskiner, som i följd av sitt kolbehov blevo alltmera beroende av stödjepunkter vid kusten. Den gamla tävlingskampen om företrädet mellan hav och land började i viss mening åter luta till landets fördel: den som hade stödjepunkterna för flottan, med deras dockor och materialförråd, behärskade havet utan hänsyn till flottans styrka. Englands herravälde på havet berodde ytterst på dess rikedom på kolonier, vilka voro till för skeppens skull, icke tvärtom. Detta var numera betydelsen av Gibraltar, Malta, Aden, Singapore, Bermudasöarna och talrika liknande strategiska stödjepunkter. Man förlorade ur sikte sjökrigets mening, den avgörande drabbningen. Man sökte göra den fientliga flottan kraftlös genom att utestänga den från kusterna. Till sjöss har aldrig funnits något, som motsvarat generalstabernas operationsplaner, och något avgörande har i verkligheten aldrig utkämpats med dessa slagskeppseskadrar. Den teoretiska tvisten om värdet av dreadnoughts efter det rysk-japanska kriget berodde just på att Japan byggt typen, men icke prövat den. Även i världskriget lågo slagskeppen stilla i hamnarna. De hade alls icke behövt existera. Även slaget i Skagerack var blott ett överfall, en uppfordran till ett slag, som den engelska flottan undandrog sig så gott den kunde. Knappast något av alla stora krigsfartyg, som utrangerats som föråldrade under de senaste femtio åren, har fått lossa ett skott mot en jämbördig motståndare. Och i dag väcker l u f t-v a p n e t s utveckling den frågan till liv, om icke pansarskeppens tid över huvud är slut. Kanske blir endast kaparkriget kvar.

Under världskriget inträdde på kontinenten en fullkomlig omvälvning. De nationella masshärarna, utvecklade till yttersta gränsen av sina möjligheter, ett v a p e n, som i motsats till flottan verkligen "utnyttjades", slutade i skyttegravarna, i vilka Tysklands belägring genomfördes med stormningar och utfall ända till kapitulationen. Kvantiteten

48 Avgörande år

segrade över kvaliteten, mekaniken över livet. Det stora antalet gjorde slut på det slags snabbhet, som Napoleon infört i taktiken, tydligast i fälttåget 1805, vilket på ett par veckor förde över Ulm till Austerlitz, den snabbhet, som av amerikanerna 1861—1865 ännu mera stegrades genom att järnvägarna kunde användas. Utan järnvägarna, som för Tyskland möjliggjorde förflyttning av hela arméer mellan öster och väster, skulle även det sista kriget varit omöjligt till sin form och varaktighet.

I världshistorien finnas två stora omvälvningar i krigföringen genom plötslig stegring av rörligheten. Den ena ägde rum i de första århundradena efter år 1000 f. Kr., då ridhästen tillkom någonstädes på de vida slätterna mellan Donau och Amur. De beridna härarna voro vida överlägsna fotfolket.[1] De kunde dyka upp och försvinna, utan att ett angrepp på dem eller ett förföljande voro möjliga. Förgäves uppställde folken, från Atlanten intill Stilla oceanen, jämte sitt fotfolk ett rytteri; det hindrades av det förra i sin fria rörelse. Och lika förgäves omgives det romerska imperiet liksom det kinesiska med vallar och gravar, av vilka den kinesiska muren ännu i dag går tvärs igenom halva Asien och den romerska *limes* i den syrisk-arabiska öknen just nu blivit återfunnen. Det var icke möjligt att bakom dessa vallar genomföra samlandet av härarna så snabbt som de överraskande angreppen fordrade: för parter, hunner, skyter, mongoler och turkar har den kinesiska, indiska, romerska, arabiska och västerländska världen med sin bofasta bondebefolkning ständigt dukat under i panisk skräck. Det vill synas, som om bondeväsen och ryttarliv skulle vara själsligt oförenliga. Även Djingis-kans skaror hade den överlägsna snabbheten att tacka för sina segrar.

Den andra förvandlingen upleva vi nu själva: hästens ersättande med den faustiska teknikens "hästkraft". Ända

---

[1] Inklusive stridsvagnarna, som endast kommo till användning under drabbning och icke under marsch. De äro omkring ett årtusen äldre, uppkomna på samma område, och hava överallt, där de dykt upp, visat en väldig överlägsenhet över det dåtida stridssättet i fält, i Kina och Indien ungefär sedan 1500, i Främre Asien redan något tidigare, i den hellenska världen ungefär sedan 1600. De användes snart allmänt och försvunno, då rytteriet, om också blott såsom specialvapen jämte fotfolket, kom till varaktig användning.

Världskrigen och världsmakterna 49

till det första världskriget voro just Västeuropas gamla berömda kavalleriregementen kringsusade av ridderlig stolthet, äventyrslust och hjälteanda mer än något annat vapen. De hade sedan århundraden varit de egentliga vikingarna till lands. De representerade det äkta, intima soldat y r k e t, soldat l i v e t vida mer än den allmänna värnpliktens infanteri. I framtiden blir detta annorlunda. Flygmaskinerna och tankvagnarna avlösa dem. Rörligheten stegras därigenom utöver det organiska livets möjligheter till maskinens oorganiska gränser, d. v. s. den individuella maskinens, som i motsats till skyttegravarnas opersonliga trumeld åter ställer stora fordringar på den personliga hjälteandan.

Men mycket djupare än denna skillnad mellan massa och rörlighet ingriper ett annat faktum i de stående härarnas öde, och detta kommer nödvändigt att göra slut på förra århundradets princip om den allmänna nationella värnplikten. Auktoritetens förfall, statens ersättande med partiet, d. v. s. den tilltagande anarkien, hade ända till 1914 gjort halt inför hären. Så länge en stabil officerskår fostrade t. o. m. ett hastigt ombytt manskapsbestånd, förblevo vapenärans, lojalitetens och den tigande lydnadens etiska värden, Fredrik den stores, Napoleons, Wellingtons anda, d. v. s. det adertonde århundradets anda, bevarade åt den ridderliga livsföringen, och detta var ett stort stabilitetselement. Det rubbades först, då i ställningskriget i hast utbildade officerare ställdes emot äldre manskap, som i åratal varit i fält. Även här har den långa freden från 1870 till 1914 hämmat en utveckling, som m å s t e inträda i och med det tilltagande förfallet i nationernas "form". Manskapet inklusive de undre skikten av officerskåren, som sågo världen nedifrån, emedan de voro ledare icke av inre kallelse, utan i följd av tillfällig användning, fingo sina egna åsikter om politiska möjligheter, vilka givetvis importerats utifrån, från fienden eller det egna landets radikala partier genom propaganda och upplösande agitation, jämte tanken på hur dessa åsikter skulle genomdrivas. Därigenom råkade det anarkistiska elementet in i hären, som hittills ensam förstått att hålla det på avstånd. Och detta fortsattes efter kriget överallt i de stående fredshärarnas kaserner. Där-

4. — *Avgörande år.*

50 *Avgörande år*

till kommer, att den enkle mannen av folket liksom yrkespolitikern och den radikale partiledaren i fyrtio års tid fruktat och överskattat den obekanta effektiviteten hos en modern här icke blott mot en främmande makts, utan även mot uppror, och därför knappt betraktat motstånd mot en dylik som en praktisk möjlighet. De socialdemokratiska partierna hade överallt före kriget för länge sedan uppgivit tanken på revolution och bibehöllo blott frasen i sina program. Ett kompani ansågs tillräckligt att hålla tusentals upproriska civilister i schack. Men nu visade kriget, vilken ringa verkan till och med en stark trupp med tungt artilleri har mot våra stenstäder, om de försvaras hus efter hus. Den reguljära armén förlorade sin nimbus av oövervinnelighet vid revolutioner. I dag tänker varje tvångsinkallad rekryt helt annorlunda därom än före kriget. Och därmed har han förlorat medvetandet om att vara ett blott objekt för befälsmakten. Jag betvivlar högeligen, att t. ex. i Frankrike en allmän mobilisering emot en f a r l i g fiende över huvud kan genomföras. Vad skall göras, om massorna undandraga sig inställelseplikten? Och hur stort är värdet av en sådan trupp, när man icke vet, huru långt den moraliska upplösningen i den fortskridit och vilken bråkdel av folket man törs räkna med? Detta är slutet på den allmänna värnplikten, som 1792 hade den nationella entusiasmen för kriget till utgångspunkt, och det är början till f r i v i l l i g a härar av yrkessoldater, som samla sig om en folklig ledare eller ett stort mål. Detta är i alla kulturformer — man tänker på den utskrivna romerska bondehärens ersättande med besoldade yrkeshärar alltifrån Marius och på följderna — vägen till cesarismen och, djupare sett, till blodets, den oförbrukade rasens, den primitiva maktviljans instinktiva resning mot penningens och andens, de anarkistiska teoriernas och den på deras utnyttjande baserade spekulationens materialistiska makter, ifrån demokratien till plutokratien.

Dessa materialistiska och plebejiska makter hava alltsedan slutet av det adertonde århundradet konsekvent gripit till helt andra krigsmedel, som legat närmare deras tänkande och erfarenhet. Vid sidan av härarna och flottorna, vilka i

Världskrigen och världsmakterna 51

stigande mått användes för ändamål, som lågo nationerna själva alldeles fjärran och blott motsvarade enstaka gruppers affärsintressen — namnet opiumkriget illustrerar detta på ett drastiskt sätt — utvecklade sig metoder för den e k o- n o m i s k a krigföringen, vilka ofta nog mitt i "freden" ledde till rent ekonomiska slaktningar, segrar och fredsslut. De föraktades av den äkta soldaten, som Moltke t. ex., och underskattades säkerligen till sin effekt. Så mycket bättre förstodo de "moderna" statsmännen att uppskatta dem, de som efter sin härkomst och sina anlag i första hand tänkte ekonomiskt och sedan möjligen politiskt. Den fortgående upplösningen av statshögheten genom parlamentarismen erbjöd möjlighet att utnyttja statsmaktens organ i denna riktning. Detta skedde framför allt i England, som i mitten av det nittonde århundradet helt och hållet blivit en "nation av *shopkeepers*": den fientliga makten skulle icke underkuvas militäriskt, utan ruineras ekonomiskt såsom konkurrent, men bevaras såsom avnämare av engelska varor. Detta var målet för frihandelns "liberala" imperialism alltsedan Robert Peel. Napoleon hade tänkt sig kontinentalspärren som ett rent militärt medel, emedan intet annat stod honom till buds gentemot England. På kontinenten skapade han blott nya dynastier, medan Pitt grundade handels- och plantagekolonier i fjärran. Men kriget av 1914 fördes av England icke för Frankrikes eller ens för Belgiens skull, utan för *"the weekend"*, för att om möjligt för alltid mota ut Tyskland som ekonomisk konkurrent. 1916 började vid sidan av det militära kriget det planmässiga ekonomiska kriget, det som skulle fortsättas, när det andra med nödvändighet måste upphöra. Krigets mål ha sedan dess allt bestämdare sökts i denna riktning. Versaillesfördraget avsåg alls icke att grunda något fredstillstånd, utan blott reglera maktförhållandena så, att målet alltid kunde tryggas genom nya fordringar och åtgärder. Därav utlämnandet av våra kolonier och av handelsflottan, beslaget på banktillgodohavanden, besittningar och patent i alla länder, avskiljandet av industriområden som Oberschlesien och Saarområdet, införandet av republiken, vilken man med rätta räknade skola undergräva industrien genom de nu allsmäktiga fackföreningarna, därav slutligen också skadestånden, som åtminstone enligt Englands mening icke skulle vara en krigsskadeersättning, utan en varaktig belastning på den tyska ekonomien, tills den dukade under.

Men därmed började, mycket emot vad de makter, som dikterat fördraget, väntat sig, ett nytt ekonomiskt krig, som vi nu befinna oss mitt uppe i och som utgör en mycket betydande del av den nuvarande "ekonomiska världskrisen". Maktfördelningen i världen hade fullkomligt rubbats genom stärkandet av Förenta staterna och deras storfinans och det ryska rikets nya gestaltning, motståndarna och metoderna hade blivit andra. Det nu pågående kriget med ekonomiska medel, som man kanske i en senare tid kommer att beteckna som det andra världskriget, har medfört helt nya former av den bolsjevistiska ekonomiska offensiven i femårsplanens gestalt, dollarns och francens angrepp på pundet, de från främmande börser ledda inflationerna med därav följande förstöring av hela nationalförmögenheter och folkhushållningarnas autarki, vilken kanske kommer att genomföras ända till ett förintande av motståndarens export och därmed av stora folks ekonomi och e x i s t e n s b e t i n g e l s e r, Dawes- och Youngplanerna såsom försök av finansgrupper att pressa hela stater till tvångsarbete åt banker. Det gäller i grund och botten att rädda den egna nationens livsduglighet genom att förinta främmande nationers. Det är kampen på båtkölen. Och här komma, när alla andra medel äro uttömda, de äldsta och ursprungligaste, de militära, att åter inträda i sina rättigheter; den starkast rustade makten kommer att tvinga den svagare att uppgiva sin ekonomiska defensiv, kapitulera, f ö r s v i n n a. Kanonerna äro när allt kommer omkring starkare än kolet. Man kan icke förutse, huru detta ekonomiska krig kommer att sluta, men säkert är, att det till sist kommer att åter insätta staten såsom a u k t o r i t e t i dess historiska rättigheter, stödd på frivilliga och därför pålitliga, väl utbildade och mycket rörliga yrkeshärar, och sålunda förvisa ekonomien till andra planet, dit den hör.

8.

I denna övergångstid, en tid av formlöshet "mellan tiderna", som sannolikt ännu icke på långt när nått sin kulmen av förvirring och kortvariga kombinationer, avteckna sig helt svagt nya tendenser, som visa bortom den på en fjärmare framtid. De makter, som äro bestämda att föra slutstriden om herraväldet på vår planet, börja nu taga gestalt till form och läge, och av dem kan och skall blott en giva namn åt *imperium mundi,* om icke ett ohyggligt öde förintar det, innan det tagit fullbordan. Nationer av nytt slag äro på väg att uppstå, icke sådana de äro ännu i dag, inbegrepp av samordnade individer med samma språk, icke heller sådana de fordom voro, då man under renässansen med säkerhet kunde igenkänna en tavla, en slaktning, ett ansikte, en tanke, ett särskilt slag av sedlig hållning och mening efter stilen, s j ä l e n, såsom italiensk, fastän ingen italiensk stat fanns. Faustiska nationer från slutet av tjugonde århundradet komma att vara e t t u t v a l t s l ä k t e av människor med samma livskänsla, samma imperativ av en stark vilja, självfallet med samma språk, utan att kunskapen i detta språk därför särpräglar dem eller skiljer dem från andra, människor av stark ras, icke i den nutida rastrons mening, utan i min mening, som därmed förstår de starka instinkterna, vartill även hör en överlägsen blick för verklighetens fakta, en blick, som man i dag i de stora städerna och bland bokskrivare icke förstår att skilja från den blotta intelligensens "ande", människor, som känna sig födda och kallade till herrar. Vad kommer det an på antalet? Detta har blott tyranniserat det förra århundradet, som låg på knä för kvantiteter. En m a n betyder mycket gentemot en massa slavsjälar, pacifister och världsförbättrare, som längta efter ro till varje pris, även på bekostnad av "friheten". Det är övergången från *populus romanus* på Hannibals tid till företrädarna för "romarandan" i första århundradet, vilka som Marius och Cicero delvis alls icke voro "romare".

Det ser ut, som om Västeuropa förlorat sin dominerande betydelse, men bortsett från politiken ser det blott så ut.

54 *Avgörande år*

Den faustiska kulturens i d é har vuxit upp här. Här har den sina rötter, och här kommer den att tillkämpa sig den sista segern i sin historia eller hastigt dö bort. Avgörelserna, var de än må falla, skola falla för Västerlandets skull, nämligen för dess s j ä l s skull, icke för dess penningars eller dess lyckas skull. Men för en tid är m a k t e n förlagd till randområdena, till Asien och Amerika. I det förra är det makten över den största inlandsmassan på jordklotet, i det senare — i Förenta staterna och de engelska dominions — makten över de båda genom Panamakanalen förbundna världshistoriska oceanerna. Men av våra dagars världsmakter står ingen så fast, att man med säkerhet kan säga, att den om hundra, ja, ens om femtio år ännu kommer att vara en makt, ja, överhuvud ens kommer att vara till. Vad är en makt i stor stil nu för tiden? En statlig eller statliknande bildning med en ledning, som har världspolitiska mål och efter all sannolikhet även kraft att genomdriva dem, likgiltigt på vilka medel den stöder sig: härar, flottor, politiska organisationer, krediter, mäktiga bank- eller industrigrupper med samma intresse, slutligen och framför allt en stark strategisk position på jordklotet. Man kan beteckna dem alla med namnet miljonstäder, i vilka makten och denna makts anda är samlad. Gentemot dem äro hela länder och folk ingenting annat än "landsort".

Där se vi framför allt "Moskva", hemlighetsfullt och för västerländskt tänkande och kännande fullkomligt oberäkneligt, den a v g ö r a n d e faktorn för Europa alltsedan 1812, då det statligt ännu hörde till detta, och sedan 1917 för hela världen. Bolsjevikernas seger betyder i historiskt avseende något helt annat än i socialpolitiskt eller ekonomisktteoretiskt. A s i e n e r ö v r a r R y s s l a n d t i l lb a k a, sedan "Europa" annekterat det genom Peter den store. Begreppet Europa försvinner därmed åter ur politikernas praktiska tänkande eller borde göra det, om vi hade politiker av rang. Men detta "Asien" är en i d é, och det är en idé, som har framtid. I förhållande därtill äro ras, språk, folkande, religion i nutida former likgiltiga. Allt detta kan och skall grundligt omgestaltas. Vad som nu finnes där, det är ett nytt slags liv, vilket icke kan definieras i ord och

Världskrigen och världsmakterna

icke är medvetet om sig självt, ett liv, med vilket ett stort landområde är havande och som är på väg att födas. Att vilja definiera, utstaka, sätta i program framtiden är att förväxla livet med en fras om det, såsom den härskande bolsjevismen gör, vilken icke är tillräckligt medveten om sin egen västeuropeiska, rationalistiska storstadshärkomst. Befolkningen i detta det väldigaste inlandet på jorden är utifrån oangriplig. Vidden är i sig själv en m a k t, politiskt och militärt, som ännu aldrig övervunnits; det fick redan Napoleon erfara. Vad skulle det gagna en fiende, om han besatte än så stora områden? För att göra även ett försök därtill resultatlöst hava bolsjevikerna förlagt tyngdpunkten i sitt system allt längre mot öster. De maktpolitiskt viktiga industriområdena hava alla uppbyggts öster om Moskva, till stor del öster om Ural ända till Altai och i söder till Kaukasus. Hela området väster om Moskva, Vitryssland, Ukraina, som förr från Riga till Odessa var tsarrikets livsviktigaste område, bildar i dag ett fantastiskt utanverk mot "Europa" och skulle kunna prisgivas utan att systemet ramlade. Men därmed har varje tanke på en offensiv från väster blivit meningslös. Den skulle stöta på ett tomt rum.

Detta bolsjevikvälde är ingen stat i vår mening, såsom tsar Peters Ryssland varit. Det består liksom Kiptschak, den "gyllene hordens" rike under mongoltiden, av en styrande hord — kallad kommunistiska partiet — med hövdingar och en allsmäktig khan och en ungefär hundra gånger så talrik, kuvad, värnlös massa. Av äkta marxism finns där mycket litet utom i namn och program. I verkligheten råder en tatarisk absolutism, som uppviglar och exploaterar världen, utan att akta på några andra gränser än möjligen försiktighetens, slug, grym, med mordet som alldagligt administrationsmedel, varje ögonblick stående inför möjligheten att se en Djingis-khan uppträda, som rullar upp Asien och Europa.

Den äkta ryssen har förblivit nomad till sin livskänsla, alldeles som nordkinesen, mandsjuen och turkmenen. Hans hem är icke byn, utan den ändlösa slätten, lilla mor Ryssland. Själen i detta oändliga landskap driver honom att vandra utan mål. "Viljan" fattas honom. Den germanska livskänslan har ett mål, som måste erövras, ett fjärran land, ett problem, en Gud, en makt, rykte eller rikedom. H ä r däremot vandra bondfamiljer, hantverkare och arbetare från en trakt till en annan, från fabrik till fabrik, utan nödtvång, blott av inre drift. Ingen våldsåtgärd av sovjet har kunnat hindra det, ehuru det omöjliggör uppkomsten av en stam av övade och med verket lierade arbetskrafter. Redan därpå strandar varje försök att utan främmande hjälp skapa och bevara en ekonomi i västeuropeisk stil.

Men är nu det kommunistiska programmet, för vilket miljoner människor offrats och för vars skull miljoner svälta och leva i elände, överhuvudtaget allvarligt menat, som ideal nämligen? Eller är det blott ett ytterst verksamt kampmedel till försvar mot den kuvade massan, framför allt bönderna, och till angrepp mot den hatade, icke ryska världen, som skall söndersplittras, innan man slår ned den?[1] Säkert är, att faktiskt icke mycket skulle ändras, om man en dag för den maktpolitiska opportunitetens skull slopade den kommunistiska principen. Namnen skulle bliva annorlunda: den ekonomiska organisationens förvaltningsgrenar skulle kallas koncerner, kommissionerna styrelser, kommunisterna själva aktieägare. I övrigt härskar Västerlandets kapitalistiska form sedan lång tid tillbaka.

Men denna makt kan icke föra något utländskt krig, varken i öster eller väster, utom genom propaganda. Därtill är systemet alltför artificiellt med sina västeuropeiskt-rationalistiska drag, som stamma från Petersburgs litterära undre värld. Det kan icke överleva ett nederlag, då det icke ens skulle kunna överleva en seger: gentemot en segerrik general skulle Moskvabyråkratien vara förlorad. Sovjetryssland skulle avlösas av något annat Ryssland och den regerande horden skulle sannolikt nedslaktas. Men därmed vore blott den m a r x i s t i s k a bolsjevismen övervunnen, den nationalistisk-asiatiska skulle obehindrat växa ut i det gigantiska. Men är den röda armén över huvud att lita

---

[1] Dostojevski skrev 1878: "Alla människor måste bliva ryska, först och och främst och framför allt ryska. Är universalmänskligheten den ryska nationalidén, måste framför allt varje människa först bliva ryss."

på? Är den användbar? Hur står det till med "officerskårens" professionella och moraliska kvalitet? Vad som visas vid paraderna i Moskva är blott elitregementena av pålitliga kommunister, de makthavandes egentliga livgarde. Från landsorten hör man ständigt om undertryckta sammansvärjningar. Äro järnvägarna, flygmaskinerna, rustningsindustrierna vuxna ett allvarligt prov? Säkert är, att det ryska tillvägagångssättet i Mandsjuriet och nonaggressionspakterna i väster förråda beslutet att under alla omständigheter undvika ett militärt prov. De andra medlen, motståndarnas ekonomiska förintande genom handeln och framför allt genom revolutionen — tänkt icke som ideellt mål, utan som vapen, sådan den användes 1918 av England och Frankrike mot Tyskland — de äro riskfriare och verksammare.

Gent emot denna makt har Japan en mycket stark ställning. Från havet är det nästan oangripligt på grund av ökedjorna, vilkas smala genomgångar kunna säkert spärras med minfält, undervattensbåtar och flygmaskiner, så att Kinesiska sjön icke kan nås av någon främmande flotta. Därutöver har Japan i Mandsjuriet försäkrat sig om ett fastlandsområde med en väldig ekonomisk framtid — sojabönan har redan i dag förstört räntabiliteten av kokos- och oljepalmerna i Sydoceanien och Västafrika — ett område, vars folkmängd växer ofantligt[1] och vars gränser ännu i dag äro alldeles obestämda. Det minsta försök av bolsjevikerna att inskrida med vapenmakt mot denna maktförskjutning skulle leda till förlusten av Vladivostok, östra Mongoliet och, sannolikt, erövringen av Peking. Det enda praktiska motdraget är den röda revolutionen i Kina, men denna har sedan grundandet av Kuomintang ständigt strandat på "kapitalistiska" angrepp, nämligen mutandet av generalerna och hela armeer från något håll. Urgamla fellahfolk, som indier och kineser, kunna aldrig mera spela en självständig roll i de stora makternas värld. De kunna byta herrar, fördriva den ene — kanske engelsmännen ur Indien — för att duka under för den näste, men de komma aldrig mera att skapa en egen inre form för sin politiska tillvaro. Därtill

[1] Den har på femtio år tredubblats genom massinvandring och utgör för närvarande över trettio miljoner.

äro de alltför gamla, stela, för förbrukade. Även formen för deras nuvarande resning och målen för denna — frihet, jämlikhet, parlament, republik, kommunism o. d. — äro utan undantag importerade från Västeuropa och Moskva. De äro objekt och kampmedel för främmande makter, deras länder valplatser för främmande avgörelser, men just därigenom kunna de få en väldig, om också övergående betydelse. Utan tvivel hava Ryssland och Japan blicken riktad på de här liggande möjligheterna och arbeta i det tysta med medel, som den "vite" varken känner eller ser. Men står Japan i dag ännu så fast som vid tiden för kriget mot Ryssland? Då regerade ännu samurajernas gamla, stolta, hederliga och tappra herreskikt, som hör till det bästa, som hela världen äger i fråga om "ras". Men i dag hör man om radikala partier, strejker, bolsjevikpropaganda och mördade ministrar. Har denna präktiga stat redan passerat kulmen av sin tillvaro, förgiftad av de vita folkens demokratisk-marxistiska förfallsformer, nu, då kampen om Stilla oceanen just inträder i sitt avgörande skede? Skulle det ännu äga sin gamla offensivkraft, så är det med sitt oförlikneliga strategiska läge till sjöss vuxet varje fientlig kombination. Men vem kommer här på allvar i betraktande som motståndare? Ryssland säkerligen icke och lika litet någon västeuropeisk makt. På ingen annan plats kan man så tydligt som här förnimma, huru alla dessa stater sjunkit ned från sin forna politiska rang. För knappt tjugu år sedan voro Port Arthur, Weihaiwei och Kiautschou besatta, och Kinas uppdelning i intressesfärer mellan västliga makter var i full gäng. Stillahavsproblemet var en gång ett e u r o p e i s k t problem. Nu vågar icke ens England genomföra det sedan årtionden planerade utbyggandet av Singapore. Det skulle hava varit den engelska flottans mäktiga stödjepunkt vid ostasiatiska konflikter. Men kan det nu hållas mot Japan och Frankrike, om det senare frigiver landvägen över Bortre Indien? Avstår England från sin gamla ställning i dessa hav och prisgiver det därmed Australien åt det japanska trycket, så kommer Australien med säkerhet att skilja sig från imperiet och ansluta sig till Amerika. Amerika är den enda allvar-

liga motståndaren, men hur starkt är det väl p å d e t t a
s t ä l l e till sjöss, trots Panamakanalen? San Francisco
och Hawaii ligga mycket för långt borta för att vara stödjepunkter för flottan mot Japan, Filippinerna kunna knappast hållas, och Japan äger i det latinska Amerika möjliga
bundsförvanter mot Newyork, vilkas betydelse icke minskas
av att man icke talar om dem.

9.

Äro Förenta staterna en makt, som har framtid? Ytliga
iakttagare talade före 1914 om obegränsade möjligheter,
sedan de under ett par veckor sett sig om där, och den nya
"societeten" i Västeuropa efter 1918, en blandning av snobb
och mobb, svärmar för den unga, starka, oss vida överlägsna
och rent av föredömliga amerikanska andan, men den förväxlar rekord och dollars med nationalitetens andliga kraft
och djup, vilka höra till en bestående makt, den förväxlar
vidare sporten med rasens hälsa och affärssinne med begåvning. Vad är den "hundraprocentiga" amerikanismen? En
massexistens, som är normerad efter det undre genomsnittet,
en primitiv pose, eller ett framtidslöfte?

Säkert är, att här hittills varken funnits ett verkligt folk
eller en verklig stat. Kunna bådadera skapas av ett hårt öde
eller uteslutes detta av den koloniala människotypen, vars
andliga förflutna legat annorstädes och nu dött bort? Amerikanaren talar liksom engelsmannen icke om stat och fädernesland, utan om *this country*. I själva verket är det fråga
om ett omätligt område och om en från stad till stad strövande befolkning av trappers, som gå på dollarjakt där, hänsynslösa och obundna, ty lagen är till blott för den som icke
är slug och mäktig nog att kunna förakta den.

Likheten med det bolsjevistiska Ryssland är mycket större
än man tänker: samma oändliga vidder, som utesluta varje
framgångsrikt angrepp av en motståndare och därmed upplevandet av verklig nationell fara och sålunda gör staten
umbärlig, men som i följd därav icke heller tillåta uppkomsten av ett äkta politiskt tänkande. Livet är uteslutan-

60 *Avgörande är*

de ekonomiskt inriktat och saknar därför djup, så mycket mera som det saknar den äkta historiska tragiken, det stora ödet, som i århundraden fördjupat och fostrat de västerländska folkens själ. Religionen, som ursprungligen var en sträng puritanism, har blivit ett slags pliktskyldig underhållning, och kriget var blott en ny sport. Och den allmänna opinionens diktatur är densamma där som här, antingen den föreskrives av partiet eller samhällsställningen, och den sträcker sig till allt som i västerlandet beror på den enskildes fria vilja, till flirt och kyrkogång, skor och smink, modedanser och moderomaner, tänkesätt, mat och nöjen. Allt är lika för alla. Det finns en till kropp, dräkt och själ normaliserad typ av amerikan och framför allt av amerikanska, och den som uppreser sig mot denna typ och vågar kritisera den offentligt, blir exkommunicerad i Newyork lika väl som i Moskva. Och slutligen finns en nästan rysk form av statssocialism eller statskapitalism, representerad av mängden av truster, vilka motsvara de ryska ekonomiförvaltningarna och planmässigt normera och leda produktion och avsättning in i de minsta detaljer. De äro landets egentliga herrar, där som här. Det är den faustiska maktviljan, men överförd från det organiskt framvuxna till det själlöst mekaniska. Dollarimperialismen, som behärskar hela Amerika ända till Santiago och Buenos Aires och överallt söker undergräva och undantränga den västeuropeiska, framför allt den engelska ekonomien, liknar med sin inrangering av den politiska makten i ekonomiska tendenser precis den bolsjevistiska imperialismen, vars lösen "Asien åt asiaterna" i allt väsentligt motsvaras av Monroedoktrinens nuvarande uppfattning för det latinska Amerika: hela Amerika för Förenta staternas ekonomiska makt. Detta är yttersta meningen med grundandet av "oavhängiga" republiker som Kuba och Panama, ingripandet i Nicaragua och störtandet av obekväma presidenter genom dollarns makt ända bort till yttersta södern.

Men denna stats- och laglösa "frihet" i det rent ekonomiskt inrättade livet har en avigsida. Ur den har nämligen uppstått en sjömakt, som börjar bliva starkare än Englands och behärskar två oceaner. Det har uppstått kolonial-

Världskrigen och världsmakterna

besittningar: Filippinerna, Hawaii, Västindiska öarna. Och man blev, av affärsintressen och genom den engelska propagandan, allt djupare indragen i världskriget, ända till militärt deltagande. Men därmed hava Förenta staterna blivit ett ledande element i världspolitiken, vare sig de veta och vilja det eller icke, och de måste nu lära sig tänka och handla s t a t s p o l i t i s k t både inåt och utåt eller också försvinna i sin nuvarande gestalt. Det finns ingen återvändo längre. Är "yankeen" vuxen denna svåra uppgift? Representerar han ett oförstörbart slag av liv eller är han blott en modenyck i kroppens, andens, själens k l ä d s e l? Men huru många av landets invånare höra ö v e r h u v u d i c k e till denna härskande anglosaxiska typ. Bortsett från negrerna hava under de tjugu åren närmast före kriget endast få tyskar, engelsmän och skandinaver invandrat, men 15 miljoner polacker, ryssar, tjecker, balkanslaver, östjudar, greker, främreasiater, spanjorer och italienare. De hava till stor del icke gått upp i amerikanskt väsen och bilda ett främmande, annorlunda tänkande och mycket fruktsamt proletariat med sin andliga tyngdpunkt i Chicago. De vilja ävenledes vara med om den laglöst fria ekonomiska kampen, men de uppfatta den på ett annat sätt.

Visserligen finns det icke något kommunistiskt parti. Ett sådant har som organisation för valändamål icke heller funnits i tsarriket. Men det finns här liksom där en mäktig undre värld av nästan dostojevskisk prägel med egna maktmål, splittrings- och affärsmetoder, som når ända upp i mycket välmående samhällsskikt i följd av den gängse korruptionen av förvaltnings- och säkerhetsorganen, framför allt genom spritsmugglingen, som stegrat den politiska och sociala demoralisationen till det yttersta. Den innesluter yrkesförbrytarna lika väl som de hemliga sällskapen, sådana som Ku-Klux-Klan. Den omfattar negrer och kineser lika väl som de rotlösa elementen av alla europeiska stammar och raser, och den äger mycket verksamma, delvis redan gamla organisationer i stil med den italienska camorran, de spanska guerillas och i Ryssland nihilisterna före och tjekisterna efter 1917. Lynchningar, enleveringar och attentat, mord, rån och brand äro sedan lång tid beprövade medel för den politiska och ekonomiska propagandan. Deras anförare, en Jack Diamond, en Al Capone, äga villor och automobiler och förfoga över banktillgodohavanden, vilka överträffa många trusters och till och med medelstora staters. På vidsträckta, glest befolkade områden hava revolutioner nödvändigtvis en annan form än i Västeuropas huvudstäder. De ibero-amerikanska republikerna bevisa detta oupphörligt. Här finns ingen stark stat, som skulle behöva störtas genom strid mot en härsmakt med gamla traditioner, men heller ingen, som garanterar den bestående ordningen redan genom aktningen för dess existens. Vad som här kallas *government* kan helt plötsligt upplösas i intet. Redan före kriget försvarade trusterna vid en strejk ofta nog sina verk genom egna befästningar och kulsprutor. I "frihetens land" gäller endast fria mäns föresats att hjälpa sig själva — revolvern i byxfickan är en amerikansk uppfinning — men detta står de egendomsägande lika fritt till buds som de andra. Helt nyligen belägrade farmarna i Iowa ett par städer och hotade dem med utsvältning, om deras produkter icke betalades med ett människovärdigt pris. För några år sedan skulle man förklarat den för vansinnig, som nämnt ordet revolution i fråga om detta land. I dag stå dylika tankar sedan lång tid på dagordningen. Vad skola massorna av arbetslösa göra — jag upprepar: till övervägande del i c k e "hundraprocentiga amerikanare" — när deras hjälpkällor äro fullständigt uttömda och det icke finns något statsunderstöd, emedan det icke finns någon organiserad stat med noggrann och vederhäftig statistik och kontroll över de behövande? Skola de erinra sig kraften i sina nävar och sin ekonomiska intressegemenskap med den undre världen? Och skall det andligen primitiva överskiktet, som blott tänker på pengar, i kampen med denna ofantliga fara med ens lägga i dagen slumrande m o r a l i s- k a k r a f t e r, som leda till det verkliga uppbyggandet av en stat och till den andliga beredskapen att offra gods och blod för den i stället för att som hittills uppfatta kriget som ett medel att förtjäna pengar? Eller skola vissa områdens ekonomiska särintressen vara starkare och, liksom fallet var 1861, leda till landets sönderfallande i särskilda

Världskrigen och världsmakterna 63

stater — måhända en klyvning i den industriella nordöstra delen, farmarområdena i mellersta västern, negerstaterna i söder och området på andra sidan Klippiga bergen? Om man bortser från Japan, som uteslutande har den önskan att ostört få genomföra sina imperialistiska planer i Ostasien och åt Australien till, finnes blott en makt, som skulle göra allt och offra allt för att befordra ett sådant sönderfallande: England. Det har gjort detta redan en gång förut och till och med varit nära en krigsförklaring: 1862—1864 under secessionskriget, då det i brittiska hamnar åt sydstaterna byggdes eller köptes krigs- och kaparfartyg, som utrustades och bemannades i europeiska farvatten — A l a b a m a t i l l o c h m e d m e d b r i t t i s k a m a r i n s o l d a t e r — och som överallt brände och sänkte nordstaternas handelsfartyg, var de än påträffade dem. Då var England ännu obestridd härskare på haven. Det var enda skälet, varför regeringen i Washington icke vågade kriget. "Havens frihet" var den e n g e l s k a handelns frihet, ingenting annat. Detta är slut sedan 1918. England, som under 1800-talet var världens kontor, är i dag icke längre rikt nog att hålla sig i täten i flottbyggnadstempot, och dess makt räcker icke längre till att med våld hindra andra att överflygla det. Förkänslan av denna historiska gräns var ett av skälen för kriget mot Tyskland och november 1918 var sannolikt den sista alltför korta tid, då denna makt av i går tordes unna sig illusionen av en stor seger. Men bortsett från den växande underlägsenheten i byggandet av slagskepp har, som nyss visades, begreppet om havens behärskande grundligt ändrats. Jämte undervattensbåtarna hava flygmaskinerna blivit ett överlägset vapen och därmed inlandet viktigare än kust och hamnar. Gentemot franska bombeskadrar har England upphört att i strategiskt avseende vara en ö. Med det tunga slagskeppet sjunker det havsbehärskande England i det förgångna.

Men även den engelska nationen är till själ och ras icke mera stark, icke mera ung och sund nog att kunna med tillförsikt kämpa sig igenom denna fruktansvärda kris. England har blivit trött. Det har ännu i nittonde århundradet offrat för mycket värdefullt blod för sina besittningar, genom utvandring till de vita dominions, genom klimatets härjningar i de färgade kolonierna. Och framför allt saknar det den rasmässiga grundvalen av en stark bondestam. Det sedan den normandiska tiden härskande överskiktet av germaner och kelter — det är ingen skillnad dem emellan — är förbrukat. Överallt tränger den talrika urbefolkningen, som man falskeligen kallar kelter[1] med sin annorlunda beskaffade "f r a n s k a" livskänsla in i härskande ställning och har t. ex. redan förvandlat den förnäma parlamentariska regeringens gamla, o l i g a r k i s k a form till den kontinentala och anarkistiska formen med smutsiga partistrider. Galsworthy har i Forsytes saga skildrat denna slocknandets tragik med djup smärtfylld förståelse. Därmed segrar i ekonomiskt avseende rentieridealet över den kapitalistiska imperialismen. Man äger ännu betydliga rester av den forna rikedomen, men det fattas håg att vinna ny. Industri och handel åldras långsamt i sina metoder och tappa energien att efter amerikansk och tysk förebild skapa nya former. Företagsamheten dör bort, och den unga generationen visar i andligt och sedligt avseende och i sin världsåskådning, att den störtat från den höjd, vartill det engelska samhällets kvalitet i förra århundradet uppdrivits, och dess fall är skrämmande och utan exempel i hela världen. Den gamla appellen: *England expects every man to do his duty,* som varje ung engelsman av god familj i Eton och Oxford före kriget kände som riktad till honom personligen, förklingar nu i luften. Man sysslar på lek med bolsjevistiska problem, driver erotik som sport och sport som yrke och livsinnehåll. Den äldre generationens män, som redan varit verksamma som höga ämbetsmän, då kriget bröt ut, fråga sig i sorg och förtvivlan, vem som efter dem skall försvara ett Greater Britains ideal. Bernhard Shaw har i "Kejsaren av Ame-

---

[1] Det är samma ras, som den franske bonden och småborgaren och flertalet spanjorer tillhöra, sedan även där det nordiska elementet förbrukats i kriget och genom utvandring. De *äkta* keltiska stammarna hava invandrat först i mitten av första århundradet f. Kr. från norra Centraleuropa, och frågan är, om de icke skilja sig från germanerna endast i språkligt avseende. De bildade på Cæsars tid den galliska och britanniska adeln över en vida talrikare underkuvad befolkning, liksom senare franker, sachsare och normander.

Världskrigen och världsmakterna 65

rika" antytt, att "några" hellre skulle utkämpa den hopplösa kampen mot Amerikas övermakt än sträcka vapen, men huru många skola de vara om tio, tjugu år? Genom Westminsterstatutet av 1931 har England gjort de vita dominions, såsom Commonwealth of nations, likställda med sig självt. England har avstått från sin förrang och förbundit sig med dessa stater på grund av lika intressen, framför allt intresset av skydd genom den engelska flottan. Men redan i morgon kunna Kanada och Australien utan sentimentalitet vända sig till Förenta staterna, om de finna sina intressen, t. ex. som vita nationer gentemot det gula Japan, bättre bevakade där. Bortom Singapore är Englands forna ställning redan uppgiven, och om Indien går förlorat, har även ställningen i Egypten och Medelhavet icke längre någon egentlig mening. Den engelska diplomatien i gammal stil söker förgäves mobilisera kontinenten liksom förr en gång för engelska ändamål, såsom gäldenärsfront gentemot Amerika, såsom front mot bolsjevismen gentemot Ryssland. Men det är redan en diplomati av i förrgår. Den hade sin sista ödesdigra framgång 1914. Och huru skall det gå, om Ryssland och Amerika samsas, när den engelska traditionsmättade stoltheten för sista gången stegrar sig? Detta ligger i c k e utanför det möjligas gräns.

Gentemot sådana företeelser, i vilka världens öde mörkt och hotande kramas ihop kanske för århundraden, hava de romanska länderna blott provinsiell betydelse. Även Frankrike, vars huvudstad är på väg att bliva en historisk sevärdhet, som Wien och Florens och Aten på romartiden. Så länge den gamla adeln av keltiskt och germanskt blod, vars stamträd nådde tillbaka till tiden från folkvandringen till korstågen, hade den stora politiken i handom, ungefär fram till Ludvig XIV, funnos stora mål, såsom själva korstågen och det sjuttonde århundradets koloniseringar. Men det franska folket har av gammalt blott hatat g r a n n a r, som blivit mäktiga, och detta emedan d e r a s framgångar sårade dess egen fåfänga: spanjorer, engelsmän och framför allt tyskar — såväl i den habsburgska som den hohenzollernska staten — mot vilka det urgamla hatet alltsedan den misslyckade "hämnden för Sadowa" vuxit i vansinnig

5. — *Avgörande år.*

höjd. Det har aldrig förmått att tänka långt framåt i rum och tid, i politiken lika litet som i filosofien, det har alltid tillfredsställt sin strävan efter *gloire* enbart genom att införliva eller ödelägga landsträckor vid g r ä n s e n. Vilken äkta fransman visar i själva verket någon entusiasm för de kolossala besittningarna i Västafrika med undantag av höga militärer och den parisiska storfinansen? Eller ens för Bortre Indien? Och vad bry fransmännen sig om själva Elsass-Lothringen, sedan de "erövrat det tillbaka"? Med detta faktum har det förlorat allt behag för dem. Den franska nationen klyver sig allt tydligare i två i själsligt avseende helt olika beståndsdelar. Den ena, den vida talrikare, är det "girondistiska" elementet, landsortsbon, som svärmar för ett rentierideal, bonden och borgaren. De äro en nationalitet, som blivit trött och steril i smuts, girighet och slöhet och icke begär något högre än lugn och ro, pengar, vin och "amour", och de vilja icke mera veta av någon stor politik, någon ekonomisk ärelystnad, någon kamp om betydande livsmål. Men över denna del ligger det långsamt avtagande jakobinska skiktet, som sedan 1792 bestämt landets öde och som döpt den franska nationalismen efter en gammal lustspelsfigur från 1831 med namnet Chauvin. Det består av officerare, industriidkare, de högre ämbetsmännen i den av Napoleon strängt centraliserade förvaltningen, Parispressens journalister, de deputerade utan åtskillnad till partier och partiprogram — att vara deputerad betyder i Paris en privataffär, icke en partiaffär — och några mäktiga organisationer som frimurarna och frontkämparnas föreningar. I det tysta ledes och utnyttjas det sedan ett århundrade av den internationella parisiska storfinansen, som betalar pressen och valen. Chauvinismen är sedan lång tid tillbaka i vidsträckt omfattning en a f f ä r.

Detta överskikts välde beror i dag på provinsens, den franska landsortens ökända, men äkta ängslan för alla slags utrikespolitiska faror och för en ny värdeminskning av besparingarna, en ängslan, som underhålles genom Parispressen och det skickliga sättet för valen. Men denna stämning är ännu för åratal en fara för alla grannländer, för England och Italien lika väl som för Tyskland. Den har före

1914 låtit sig brukas av England och Ryssland för deras ändamål och skulle i dag stå till förfogande som instrument för en skicklig statsman i ett främmande land. Chauvins skepnad växer långsamt upp till en motbild av den spanske Don Quijote och väcker i dag i sin storartade komik halva världens löje: den åldrade gåpåaren, som efter många hjältedater, med världens största guldhög bakom sig, väpnad till tänderna och med alla möjliga rustningspjäser på sig, omgiven av tungt beväpnade tjänare och kallande alla vänner från i går till hjälp i sitt till fästning ombyggda hus, skälvande tittar ut genom fönstret och vid anblicken av varje knappt väpnad granne råkar utom sig. Detta är slutet på *la grande nation*. Dess arvtagare i Medelhavsområdet och Nordafrika blir kanske Mussolinis skapelse, om den hävdar sig under hans ledning länge nog att vinna erforderlig själslig fasthet och varaktighet.

Om ingen av dessa makter kan man i dag säga, om den vid århundradets mitt ännu kommer att finnas till i sin nuvarande gestalt. England kan vara inskränkt till sin ö, Amerika sönderfallet, Japan och Frankrike, som i dag ensamma veta vad en stark här är värd, kunna hava fallit i händerna på kommunistiska herrar. Rysslands framtida möjligheter kunna delvis icke ens anas. Men läget för ögonblicket behärskas av motsatsen mellan England och Ryssland i öster och mellan England och Amerika i väster. I båda fallen går England tillbaka, ekonomiskt, diplomatiskt, militäriskt och moraliskt, och de redan förlorade positionerna kunna delvis icke på något sätt återvinnas, icke ens genom ett krig. Betyder detta nödvändigheten av ett val mellan krig och kapitulation? Eller står icke ens detta val den underlägsne öppet? De flesta anglosaxer på ömse sidor om Atlanten t r o sig vara genom blod och tradition fastare förenade än att de här skulle kunna ställas inför ett avgörande. Men tron att blodet är tjockare än vattnet har för England och Tyskland stått provet slätt. Brödrahatet har bland människor alltid varit starkare än hatet mot främlingar och just detta kan av små anledningar plötsligt växa till en lidelse, som icke mer tillstädjer någon återvändo.

Så ser den värld ut, av vilken Tyskland är omgivet. I

68 *Avgörande är*

detta läge är för en nation utan ledare och vapen, utarmad och söndersliten, i c k e e n s b l o t t a e x i s t e n s e n t r y g g a d. Vi hava sett miljoner slaktas i Ryssland och svälta ihjäl i Kina, och det var för världen i övrigt blott en tidningsnotis, som man glömde dagen efter. Ingen utomstående skulle störts i sin ro, om det hände någonting värre någonstädes i Västeuropa. Blott hotelser äro skrämmande: med fullbordade fakta finner sig människan snabbt tillrätta. Om individer eller folk dö, lämna de ingen lucka efter sig. Inför detta läge hava vi tyskar hittills icke presterat annat än väsen om partiideal och simpelt gräl om fördelar för yrkesgrupper och kråkvinklar. M e n a t t a v s t å f r å n v ä r l d s p o l i t i k s k y d d a r i c k e f ö r d e s s f ö l j d e r. Samma år som Kolumbus upptäckte Amerika, som Vasco da Gama fann sjövägen till Ostindien och den västeuropeiska världen började utsträcka sin makt och sin rikedom över jordklotet, stängdes på begäran av den engelska köpmannakåren den tyska Stålgården i London, det sista tecknet på hanseatisk stormakt, och därmed försvunno tyska handelsfartyg från oceanen, emedan ingen tysk flagga fanns, som kunde vaja från deras master. Därmed hade Tyskland blivit ett land, som var f ö r f a t t i g t för en stor politik. Det måste föra sina krig med främmande pengar och i dessa pengars t j ä n s t, och det förde dem om eländiga remsor av sitt eget land, som togos av den ena dvärgstaten från den andra. De stora avgörandena i fjärran varken beaktades eller förstodos. Med politik förstod man något så ömkligt och litet, att blott människor med mycket anspråkslös karaktär kunde syssla därmed. Skall det komma igen nu, i de avgörande årtiondena? Skola vi som drömmare, svärmare och grälmakare uppslukas av händelserna och icke lämna efter oss något, som avslutar vår historia med något verkligt stort? Tärningsspelet om världshegemonien har just börjat. Det kommer att spelas till slut mellan starka människor. Borde icke även tyskar vara med bland dem?

Den vita världsrevolutionen

10.

Så ser världskrigens tidsålder ut, i vars begynnelse vi just befinna oss. Men därbakom skymtar det andra elementet i den väldiga omvälvningen, världsrevolutionen. Vad vill den? Vari består den? Vad är den djupaste betydelsen av detta ord? Man förstår dess fulla innebörd lika litet som den historiska meningen i det första världskriget, som just ligger bakom oss. Det är icke fråga om hotet mot världsekonomien från Moskvabolsjevismens sida, som somliga mena, icke heller om arbetarklassens "befrielse", som andra mena. Detta är blott frågor på ytan. Framför allt: denna revolution är icke ett hot enbart, utan vi stå mitt uppe i den, och det icke sedan i går och i dag, utan sedan mer än ett århundrade. Den korsar den "horisontella" kampen mellan staterna och nationerna med den vertikala kampen mellan de vita folkens ledande skikt och de andra skikten, och i bakgrunden har redan den vida farligare andra delen av denna revolution begynt: angreppet på de vita över huvud från hela massan av jordens färgade befolkning, som långsamt blir medveten om sin samhörighet.

Denna kamp råder icke blott mellan de olika skikten av människor utan, utöver dem, mellan själslivets olika skikt ända in i den enskilda människan. Nästan var och en av oss har i sig denna klyvning av känsla och tanke, fastän man alls icke vet om det. Därför komma så få till klar insikt om på vilken sida de verkligen stå. Men just detta visar den inre nödvändigheten i denna avgörelse, som går långt över vad man personligen önskar och verkar för. Med de från det härskande moderna tänkandet stammande slagorden bolsjevism, kommunism, klasskamp, kapitalism och

70 *Avgörande år*

socialism, med vilka var och en tror frågan vara noga begränsad, emedan han icke förmår se till djupet i de faktiska förhållandena, är mycket litet vunnet. Detsamma har inträffat i alla förgångna kulturer på samma stadium, hur litet vi än veta därom i detalj. Men om antiken veta vi åtskilligt. Den revolutionära rörelsens kulmen ligger i tiden från Tib. och C. Gracchus till Sulla, men kampen mot det ledande skiktet och hela dess tradition började redan ett helt århundrade tidigare med C. Flaminius, vars åkerlag av år 232 Polybius (II, 21) med rätta betecknat som början till folkmassans demoralisation. Denna utveckling blev blott tills vidare avbruten och ledd i andra band genom kriget mot Hannibal, det krig, emot vars slut redan slavar enrollerats i "borgarhären". Efter mordet på de båda Graccherna — och deras store motståndare, den yngre Scipio Africanus — försvinna snabbt de statsbevarande makterna av gammalromersk tradition. Marius, som stammade från det lägre folket och icke ens var från Rom, uppställde den första här, som icke var bildad på den allmänna värnpliktens grund, utan av besoldade frivilliga, som voro hans personliga anhängare, och ingrep med denna här hänsynslöst och blodigt i Roms inre förhållanden. De gamla släkterna, i vilka sedan århundraden statsmannabegåvning och sedlig pliktkänsla uppammats och vilka Rom hade att tacka för sin ställning som världsmakt, blevo till stor del utrotade. Romaren Sartorius försökte att av de barbariska stammarna i Spanien grunda en motstat och Spartacus kallade Italiens slavar till romarväldets tillintetgörande. Kriget mot Jugurtha och Catilinas sammansvärjning visade förfallet i de härskande skikten själva, vilkas rotlösa element när som helst voro redo att kalla landets fiender och pöbeln på forum till hjälp åt sina smutsiga penningintressen. Sallustius hade fullkomligt rätt: på kontanterna, som pöbeln och de rika spekulanterna lika girigt eftertraktade, ha Roms ära och storhet, dess ras, dess idé gått under. Men denna storstadsmassa, som strömmat till från alla håll, blev, liksom i dag, icke mobiliserad och organiserad inifrån för att tillkämpa sig sin "rätt" till självstyrelse, sin "frihet" från de härskande skiktens tryck, utan som me-

Den vita världsrevolutionen 71

del för yrkespolitikernas och revolutionärernas ändamål. Från dessa kretsar har "diktaturen underifrån" utvecklat sig som den nödvändiga yttersta följden av den radikala demokratiska anarkien, då liksom nu. Polybius, som ägde en statsmans erfarenhet och skarpa blick för händelsernas gång, förutsåg detta med säkerhet redan trettio år före C. Gracchus: "När de fika efter höga statsämbeten och icke kunna erhålla dem på grund av personliga företräden och talanger, då slösa de pengar på att locka och förföra massan. Följden blir, att folket genom detta politiska streberdöme vänjes att taga emot skänker och blir lystet efter pengar utan arbete, och därmed går demokratien under, och våld och nävrätt träda i dess ställe. Ty så snart mängden, som vant sig att leva av främmande egendom och grundat hoppet om sitt underhåll på vad andra besitta, finner en ärelysten och beslutsam ledare, övergår den till att använda kraften i sina nävar. Och nu gaddar den sig samman, rasar med mord och förvisning och tillägnar sig andras egendom, tills den fullkomligt förvildad råkar i en oinskränkt diktators våld. (VI. 6)."... "Men den egentliga katastrofen förorsakas dock genom massans skuld, när den tror sig skadad genom någras penninggirighet, medan andras äregirighet, som smickrar deras fåfänga, förleder den till självöverskattning. I sitt raseri kommer den att resa sig och vid alla förhandlingar blott giva gehör åt lidelsen och icke mera skänka dem, som leda staten, någon lydnad, ja, icke ens medgiva dem likaberättigande, utan i allt kräva avgöranderätten för sig. När det kommer därhän, kommer staten att smycka sig med de vackraste namn, frihetens och folkstyrets, men i verkligheten har den fått den sämsta formen av styrelse, oklokratien, pöbelns diktatur (VI, 57)."

Denna diktatur h o t a r icke de vita folken, nej, vi befinna oss under dess fulla välde, och det så djupt och så självklart, att vi icke ens märka det. "Proletariatets diktatur", d. v. s. dess utnyttjares, fackföreningarnas och partifunktionärernas — av alla riktningar — diktatur, är ett fullbordat faktum, antingen regeringarna bildas av dem eller i följd av "bourgeoisiens" ängslan behärskas av dem. Detta var vad Marius syftade till, men han misslyckades på grund av sin fullständiga brist på statsmannabegåvning. Sådan hade hans systerson Cæsar så mycket mera av och han gjorde slut på den fasansfulla revolutionstiden genom s i n form av "diktatur uppifrån", vilken i den partimässiga anarkiens ställe satte en överlägsen personlighets oinskränkta auktoritet, en form, åt vilken han för alltid givit namnet. Mordet på Cæsar och dess följder kunde ingenting ändra. Från hans tid gälla striderna icke mera penningar eller tillfredsställande av det sociala hatet, utan blott besittningen av den absoluta makten.

Med kampen mellan "kapitalism" och "socialism" har detta alls ingenting att skaffa. Tvärtom: de stora finansmännens och spekulanternas klass, de romerska *equites* — ett ord som sedan Mommsens tid alldeles vilseledande översättes med ridderskap — har alltid kommit väl överens med pöbeln och dess organisationer, valklubbarna *(sodalicia)* och de beväpnade banden, såsom Milos och Clodius'. De tillhandahöllo pengarna till val, uppror och mutor, och C. Gracchus prisgav därför provinserna åt dem till oinskränkt exploatering under statens skydd. Där utbredde de namnlöst elände genom plundring, ocker och försäljning av hela städers befolkning till slavar. Dem gav han dessutom rätt att besätta domarämbetena, där de sålunda kunde döma över sina egna brott och ömsesidigt frikänna varandra. Därför lovade de honom allt, men de läto honom och hans allvarligt menade reformer falla, när de bragt sin egen fördel i säkerhet. Detta förbund mellan börs och fackförening består i dag liksom då. Det är grundat på den naturliga utvecklingen i sådana tider, emedan det härrör från det gemensamma hatet mot statlig auktoritet och ledarna av den produktiva ekonomien, vilka stå i vägen för den anarkistiska tendensen till penningförvärv utan ansträngning. Marius, som politiker en stackare, liksom många folkliga partiledare, och hans efterföljare Saturninus och Cinna tänkte icke annorlunda än Gracchus; och Sulla, den nationella sidans diktator, anställde därför efter Roms stormande ett fruktansvärt blodbad på finansmännen, ifrån vilket denna klass aldrig hämtade sig igen. Efter Cæsars tid försvinner den som p o l i t i s k t element fullständigt ur historien. Dess existens som politisk makt hade varit på det intimaste förbunden med den demokratiska partianarkiens tid och överlevde den därför icke.

II.

Denna revolution, som pågått mer än ett århundrade, har i grund och botten alls ingenting att skaffa med "ekonomi". Den är en lång tid av upplösning i en kulturs högre liv, kulturen själv fattad som levande väsen. Livets inre form faller sönder och därmed kraften att utåt giva uttryck åt den genom skapande verk, vilka i sin helhet bilda staternas, religionens, konsternas h i s t o r i a, sedan den mognat till högsta möjliga höjd. Den enskilde individen med sin privata existens f ö l j e r med i loppet. Vad han gör och låter, vill, tänker och upplever, bildar med nödvändighet ett om än så ringa element i denna utveckling. Om han förväxlar detta med blott ekonomiska frågor, så är redan det ett tecken till det förfall, som även försiggår i honom, vare sig han nu känner och inser det eller icke. Det förstås av sig självt, att ekonomiska f o r m e r äro ett slag av kultur i samma mån som stater, religioner, tankar och skön konst. Men vad man menar är icke formerna för det ekonomiska livet, vilka växa till och gå under o b e r o e n d e a v d e n m ä n s k l i g a v i l j a n, utan den materiella avkastningen av den ekonomiska verksamheten, som man i dag rent av likställer med betydelsen av kultur och historia och vars sjunkande man helt materialistiskt och mekanistiskt betraktar som världskatastrofens "orsak" och innebörd.

Skådeplatsen för denna l i v e t s r e v o l u t i o n och på samma gång dess "grund" och dess uttryck är storstaden, sådan den börjar bildas mot alla kulturers aftontid. I denna värld av sten och förstening samlas i stigande mått en rotlös folkstock, som drages från bondlandet, en "massa" i skrämmande mening, formlös människosand, varav man visserligen kan knåda artificiella och därför flyktiga formationer, partier, efter program och ideal uppställda organisationer, men krafterna till en naturlig, genom en serie av generationer traditionsmättad tillväxt ha dött bort, framför allt den naturliga fruktsamheten i allt liv, instinkten för familjernas och släkternas b e s t å n d. Barnrikedomen, det första kännetecknet på en sund ras, anses besvärlig och löjlig. Det är det allvarligaste tecknet på "egoismen" hos storstadsmänniskorna, dessa frigjorda atomer, en egoism, som icke är motsatsen till den nutida kollektivismen — mellan dem består över huvud ingen skillnad: en hop atomer är icke mera levande än en enskild — utan motsatsen till driften att fortleva i sina efterkommandes blod, i den skapande omsorgen för dem, i sitt namns fortvaro. Därför skjuter den ofruktsamma intelligensen upp i otroliga massor, det är det enda, som växer där, det är stadsgatornas ogräs. Det är icke längre gamla bondesläkters sparsamma, djupa vishet, som förbliver sann, så länge de släkter, som den tillhör, vara, utan endast dagens, dagstidningarnas, dagslitteraturens, folkförsamlingarnas tomma anda, andan utan blod, som kritiskt gnager sönder all äkta, d. v. s. självvuxen kultur, som ännu står levande kvar.

Ty kulturen är en v ä x t. Ju fullkomligare en nation representerar kulturen, till vars förnämsta skapelser alltid kulturfolken själva höra, ju bestämdare den är präglad och gestaltad i en äkta kulturs stil, desto rikare är dess växt delad efter stånd och rang med aktningsbjudande distanser från rotfast bondeväsen ända upp till stadssamhällets ledande skikt. Här betyda höghet i form, tradition, tukt och sed samt medfödd överlägsenhet hos de ledande släkterna, kretsarna och personligheterna det helas liv, dess ö d e. Ett s a m h ä l l e i denna mening förblir oberört av förståndsmässiga indelningar och önskebilder eller också har det upphört att vara till. F r a m f ö r a l l t b e s t å r d e t a v r a n g o r d n i n g a r o c h i c k e a v "e k o n o m i s k a k l a s s e r". Denna materialistiska engelska åsikt, som alltsedan Adam Smith utvecklat sig med och ur den tilltagande rationalismen och som för nära hundra år sedan av Marx sattes i ett ytligt och cyniskt system, blir icke riktigare därigenom, att den drivits igenom och i detta ögonblick behärskar de vita folkens samhälleliga tänkande, syn och vilja. Den är ett tecken på samhällets f ö r f a l l och ingenting

Den vita världsrevolutionen 75

vidare. Redan före detta århundrades slut kommer man att med förvåning göra sig den frågan, huru denna värdesättning av samhälleliga former och gradationer efter "arbetsgivare" och "arbetstagare", d. v. s. efter den m ä n g d pengar, som den enskilde har eller vill hava som förmögenhet, ränta eller lön, över huvud kunde tagas på allvar, efter m ä n g d e n a v p e n g a r, och icke efter det ståndsmässiga sätt, på vilket de förvärvats och förvandlats till äkta egendom. Det är proletärers och parvenyers ståndpunkt, och dessa båda äro i grund och botten samma typ, samma planta från storstadens stenläggning, från tjuven och gatans agitator till börsens och partipolitikens spekulant.

Men "samhälle" betyder att hava kultur, form ända in i de minsta dragen i hållning och tänkande, en form, som utbildats genom en lång fostran av hela generationer, sträng sed och livsuppfattning, som genomtränger hela tillvaron med tusen aldrig uttalade och blott sällan klart fattade plikter och förbindelser och därmed gör alla dithörande människor till en levande enhet, ofta långt utöver enskilda nationers gränser såsom adeln under korstågen och under 1700-talet. Detta bestämmer rangen; detta betyder "att vara av värld". Det betecknades redan hos de germanska stammarna nästan mystiskt med ä r a. Denna ära var en k r a f t, som genomträngde släkternas hela liv. Den personliga äran var blott känslan av den enskildes ovillkorliga ansvarighet för ståndets, yrkets, nationens ära. Den enskilde levde med i gemensamhetens tillvaro och de andras tillvaro var tillika hans. Vad han gjorde drog med sig allas ansvarighet, och en person dog icke blott till själen, när han blivit ärelös, när hans egen och hans släkts hederskänsla genom egen eller främmande skuld blivit dödligt sårad. Allt vad man kallar plikt, f ö r u t s ä t t n i n g e n f ö r a l l ä k t a r ä t t, grundsubstansen i all förnäm sed, går tillbaka till äran. Bondens värv har sin ära liksom varje hantverk, köpmannen och officeren, ämbetsmannen och de gamla furstesläkterna. Den som icke har ära, den som "icke sätter något värde på" att för sig själv och sina likar framstå som en duglig människa är "s i m p e l". D e t t a är motsatsen till förnämhet i varje äkta samhälles mening, icke fattigdomen, bristen på penningar, såsom nutida människors avundsjuka menar, sedan man förlorat varje instinkt för förnäm känsla och livsföring och alla "klassers" och "partiers" offentliga uppförande blivit lika pöbelaktiga.

I Västeuropas gamla förnäma samhälle, som vid slutet av det adertonde århundradet i livets höghet och formernas finhet uppnått något, som icke mera kunde överträffas och som i många drag redan började bliva bräckligt och sjukt, kunde ännu så sent som på 1840-talet det framgångsrika puritanska engelska borgardömet växa in, detta borgarideal som hade ärelystnaden att i sin livsföring likna högadeln och om möjligt smälta ihop med den. Däruti, i i n f ö r- l i v a n d e t av alltjämt nya strömmar av mänskligt liv, visar sig kraften i gamla självvuxna former. Av plantageägarna i det spanska Sydamerika och det engelska Nordamerika hade långt förut blivit en äkta aristokrati efter mönstret av spanska grander och engelska lorder. Den förintades i inbördeskriget 1861—65 och ersattes med Newyorks och Chicagos parvenyer, som yvdes över sina miljarder. Ännu efter 1870 växte det nya tyska borgardömet in i det preussiska officers- och ämbetsmannaståndets stränga livsuppfattning. Men detta är förutsättningen för ett samhälles existens: vad som genom begåvning och inre kraft stiger upp i högre skikt måste fostras och adlas genom sträng form och bestämd sed för att sedan själv representera och fortplanta denna form i söner och sonsöner. Ett levande samhälle förnyas oupphörligt genom värdefullt blod, som inströmmar nedifrån, utifrån. Den levande formens inre kraft visar sig av huru mycket den kan upptaga, förfina och assimilera utan att bliva osäker. Men så snart denna livsform icke mera är s j ä l v k l a r, så snart den till och med blott lyssnar till kritik i avseende på sin nödvändighet, är det slut med den. Man förlorar blicken för nödvändigheten av en organisation, som åt varje slags människa och mänsklig verksamhet anvisar dess rang i det helas liv, d. v. s. förståelsen för den nödvändiga o l i k h e t e n mellan delarna, vilken är identisk med organisk gestaltning. Man förlorar känslan av sin egen rang och glömmer att taga andras subordination såsom självklar, men i samma

Den vita världsrevolutionen

grad och j u s t i f ö l j d d ä r a v glömma de undre skikten att iakttaga denna subordination och att erkänna den som nödvändig och berättigad. Även här börjar, som alltid, revolutionen uppifrån för att sedan giva plats för revolter nedifrån. "Allmänna" rättigheter ha ständigt skänkts åt dem, som aldrig tänkt på att begära dem. Men samhället beror på människors olikhet. Detta är ett naturligt faktum. Det finns starka och svaga, till ledning kallade och därtill olämpliga, skapande och obegåvade, ärliga, lata, ärelystna och stilla naturer. Envar har sin plats i det helas ordning. Ju mera betydande en kultur är, ju mera den till sin gestaltning liknar ett ädelt djur- eller växtliv, desto större äro olikheterna mellan de uppbyggande elementen, o l i k h e - t e r n a, i c k e m o t s a t s e r n a, ty de senare endast resonerar man sig till. Ingen duktig dräng tänker på att betrakta bonden som sin jämlike, och varje arbetsförman, som uträttar något, undanber sig att bliva behandlad som kamrat av oövade arbetare. Detta är den n a t u r l i g a uppfattningen av mänskliga förhållanden. "Lika rättigheter" äro mot naturen, äro tecken på åldrade samhällens urartning, äro början till deras ohejdbara sönderfallande. Det är intellektuell dumhet att vilja ersätta den under århundraden framvuxna och genom tradition befästade samhällsbyggnaden med något annat. Man ersätter icke livet med något annat. På livet följer blott döden.

Och så är det också i grund och botten avsett att vara. Man vill icke ändra och förbättra, utan förstöra. Ur varje samhälle sjunka ständigt urartade element nedåt, förbrukade familjer, avsigkomna medlemmar av väldisciplinerade släkter, misslyckade och undermåliga till själ o c h k r o p p — betrakta blott figurerna på möten, krogar, demonstrationer och kravaller, på något sätt äro de alla missfoster, människor, som i stället för duglig ras i kroppen blott hava rättshaveri och i huvudet blott lust att hämnas för sitt förfelade liv, människor, på vilka munnen är den viktigaste kroppsdelen. Det är de stora städernas drägg, den egentliga pöbeln, den u n d r e v ä r l d e n i ordets alla bemärkelser, som bildas överallt i medveten motsats till den stora och förnäma världen och förenas i hat mot den: politisk och litterär bohem, avsigkommen adel som Catilina och Philippe Egalité, hertigen av Orléans, misslyckade akademiker, äventyrare och spekulanter, brottslingar och skökor, dagdrivare, idioter, blandade med några sorgliga svärmare för en del abstrakta ideal. En vag hämndkänsla för någon malör, som fördärvat deras liv, frånvaron av alla instinkter för heder och plikt och en ohejdad törst efter pengar utan arbete och rättigheter utan plikter föra dem tillsammans. Ur denna atmosfär framgå dagens hjältar i alla pöbeluppträden och radikala partier. Här får ordet frihet den blodtörstiga innebörd, som kännetecknar sjunkande tider. Frihet från alla kulturens band är det som avses, från varje slags sed och form, från alla människor, vilkas liv de i dovt raseri finna överlägset. Stolthet och tyst buren fattigdom, tigande pliktuppfyllelse, försakelse i tjänandet av en uppgift eller övertygelse, storhet i bärandet av ett öde, trohet, ära, ansvar, kraftdåd, allt detta är en ständig förebråelse för de "förnedrade och skymfade".

Ty det må ännu en gång sägas, motsatsen till förnäm är icke fattig, utan s i m p e l. Denna undre världs låga sätt att tänka och känna b e t j ä n a r sig av den rotlösa, i alla sina instinkter rubbade massan i de stora städerna för att ernå sina egna mål och njutningen av hämnd och förstörelse. Därför inympas i denna rådvilla massa genom oavbrutet talande och skrivande "klassmedvetande" och "klasshat", därför betecknas de ledande skikten, de "rika", de "mäktiga", i rak motsats till deras verkliga betydelse, som förbrytare och exploatörer, och slutligen erbjuder man sig som räddare och ledare åt denna massa. Alla "folkets rättigheter", som ett sjukt samvete och ett haltlöst tänkande ovanifrån rationalistiskt svamlat om, krävas nu nedifrån som självklara saker av dessa "arvlösa", a l d r i g f ö r f o l-k e t, ty de hava alltid skänkts åt människor, som alls icke tänkt på att begära sådana rättigheter och som icke visste, vad de skulle göra med dem. De skulle det heller icke, ty dessa rättigheter voro icke bestämda för "folket", utan för de självkorade "folkrepresentanternas" drägg, varav nu bildas ett kotteri, som bedriver kampen mot kulturens gestaltande

Den vita världsrevolutionen 79

makter såsom yrke och genom valrätten, pressfriheten och terrorn gör massan omyndig.

Så uppstår n i h i l i s m e n, proletärens infernaliska hat till varje slag av överlägsen form, till kulturen som inbegreppet därav, till samhället som dess bärare och historiska resultat. Att någon har form, behärskar den och känner sig väl i den, medan den simpla människan känner den som en boja, i vilken hon aldrig kommer att röra sig fritt, att takt, smak, sinne för traditioner äro saker, som höra till en högre kulturs arvedel och förutsätta uppfostran, att det finns kretsar, i vilka pliktkänsla och försakelse icke äro löjliga, utan adla mannen, allt detta fyller en simpel människa med ett dovt raseri, som i forna tider gömde sig i vrårna och där dreglade på Thersites' maner, men i dag ligger bred och simpel såsom v ä r l d s å s k å d n i n g över alla vita folk. Ty själva tiden har blivit simpel, och de flesta veta alls icke, i vilken grad de själva äro det. De dåliga maneren i alla parlament, den allmänna benägenheten att vara med i en icke särdeles snygg affär, blott den lovar pengar utan arbete, jazz och negerdanser såsom själsuttryck i alla kretsar, kvinnornas sätt att sminka sig som skökor, litteratörers mani att i romaner och teaterstycken under allmänt bifall förlöjliga den förnäma societetens stränga åskådningar, och den dåliga smaken till och med hos högadeln och gamla furstehus att frigöra sig från allt societetstvång och all gammal sed, allt detta bevisar, att pöbeln blivit tongivande. Men medan man här skrattar åt den förnäma tonen och den gamla seden, emedan man icke mer bär den som imperativ inom sig, och utan att ana, att det här är frågan om vara eller icke vara, frigöra de där hatet, som vill förinta, avunden mot allt, som icke är tillgängligt för var och en, allt som höjer sig över andra och därför äntligen bör dragas ned. Icke blott tradition och sed, utan alla slag av förfinad kultur, skönhet, grace, smak att kläda sig, säkerhet i umgängesformer, det valda språket, den behärskade kroppshållningen, som förråder uppfostran och självtukt, allt retar den simpla känslan till blods. Ett förnämt format ansikte, en smal fot, som lätt och behagfullt lyftes från stenläggningen, strida

80 Avgörande år

mot all demokrati. Ett *otium cum dignitate* i stället för spektakel med boxningsmatcher och sexdagarslopp, att vara kännare i ädel konst och gammal diktning, till och med glädjen över en välskött trädgård med vackra blommor och sällsynta fruktslag, allt manar att bränna, slå sönder, trampa ned. Kulturen är i sin överlägsenhet f i e n d e n. Emedan man icke kan förstå dess skapelser och tillägna sig dem, emedan de icke äro till "för alla", måste de förintas.

Och detta är nihilismens tendens: man tänker icke på att uppfostra massan till höjden av äkta kultur; det är ansträngande och obekvämt, och kanske fattas även vissa förutsättningar. Tvärtom: s a m h ä l l s b y g g n a d e n s k a l l j ä m n a s n e d t i l l p ö b e l n s n i v å. Allmän likhet skall råda, allt skall vara lika s i m p e l t. Samma sätt att skaffa sig pengar och utgiva dem för samma slags nöjen: *panem et circenses* — mera behöver man icke och mera förstår man icke. Överlägsenhet, god ton, smak, allt slags inre rang äro brott. Etiska, religiösa, nationella idéer, äktenskapet för barnens skull, familjen, statshögheten, allt är gammalmodigt och reaktionärt. Gatubilden från Moskva visar målet, men man skall icke bedraga sig: det är i c k e Moskvas anda, som här har segrat. Bolsjevismen h ö r h e m m a i V ä s t e u r o p a, och det alltsedan den materialistiska engelska världsuppfattningen i de kretsar, där Voltaire och Rousseau umgingos som läraktiga skolgossar, funnit ett aktivt uttryck i kontinentens jakobinism. D e t n i t t o n d e å r h u n d r a d e t s d e m o k r a t i ä r r e d a n b o l s j e v i s m: den ägde blott ännu icke mod att draga sina sista slutledningar. Det är blott ett steg från Bastiljens jämnande med marken och den allmän jämlikhet främjande giljotinen till idealen och gatustriderna av 1848, det kommunistiska manifestets år, och blott ännu ett steg därifrån till störtandet av det västerländskt gestaltade tsardömet. Bolsjevismen h o t a r oss icke, u t a n d e n b e h ä r s k a r o s s. Dess jämlikhet är folkets likställande med pöbeln, dess frihet är befrielse från kulturen och kultursamhället.

12.

Till en hög kultur hör slutligen ännu något, och det alldeles nödvändigt, något som kommer simpla naturer att rasa av avund och hat: ägandet i ursprunglig mening, den gamla och bestående äganderätten till gods, som ärvts från fäderna eller vuxit fram under årtionden av strängt och försakande eget arbete och som skötes och ökas för söner och sonsöner. Rikedom är icke blott en förutsättning utan framför allt en följd av och ett uttryck för överlägsenhet, och det icke blott genom det sätt, på vilket den förvärvats, utan också genom den ägandes förmåga att gestalta och använda den såsom ett element för äkta kultur. Det måste öppet sägas ifrån, ehuru det giver tidens simpelhet ett slag i ansiktet: att äga är icke en last, utan en dygd, vilken högst få äro mäktiga. Även denna dygd är resultatet av en lång tuktan i högättade släkter, stundom, hos grundarna av uppåtgående familjer, förvärvad genom självuppfostran på en grundval av starka rasegenskaper, men nästan aldrig för handen genom ursprunglig genialitet utan alla förutsättningar av uppfostrande omgivning och förebildlig förtid. Det kommer icke an på, huru mycket man har, utan vad man har och på vad sätt man har det. Bara kvantiteten som självändamål är simpel. Man kan önska sig och innehava egendom som medel till makt. Detta är ett underordnande av ekonomiska framgångar under politiska mål och bekräftar den gamla erfarenheten, att till förande av krig och styrande av stater fordras pengar. Så uppfattade Cæsar det, då han erövrade och plundrade Gallien, och i våra dagar Cecil Rhodes, då han lade under sig de sydafrikanska gruvorna för att där grunda ett rike efter sin personliga smak. Ett fattigt folk vinner inga stora politiska framgångar, och om det anser fattigdom för dygd och rikedom för synd, så förtjänar det heller inga. Egendom är ett v a p e n. Detta var också den yttersta, knappt fullt medvetna meningen med germanernas krigståg till sjöss och lands: med de rövade skatterna byggde man skepp och värvade sig följe. En kunglig frikostighet kännetecknar detta slags vilja till makt.

6. — *Avgörande år.*

Den är motsatsen till snikenhet och girighet men också till uppkomlingens slöseri likaväl som till feministisk kärlek till nästan. Men därom är icke tal här. Jag talar om ägandet, för så vitt det har en kulturtradition i sig. Det betyder inre överlägsenhet; det giver utmärkelse framför hela klasser av människor. Det fordras icke mycket därtill: en liten väl hållen bondgård, ett bra hantverk med gott rykte, en liten täppa, som bär syn för den kärlek, varmed den skötes, en bergsmans nätta hem, ett par böcker eller kopior av gammal konst. Vad det kommer an på är, att man förvandlar dessa saker till en p e r s o n l i g värld, g e n o m t r ä n g e r dem med sin personlighet. Äkta egendom är s j ä l och först så till vida äkta kultur. Att taxera den efter penningvärde är ett missförstånd eller ett vanhelgande. Att dela den efter ägarens död är ett slags mord. Detta var den germanska uppfattningen om arv: det var idén om en oupplöslig enhet, genomträngd av den avlidne ägarens själ; det var ingen delbar summa. Men vem förstår det i dag? Vem har i dag ännu öga och känsla för den inre, nästan metafysiska skillnaden mellan ägodelar och pengar. Äkta ägodelar äro något, varmed man är invärtes hopvuxen, hopvuxen som en germansk krigare med sina vapen, vilka han tager med i graven som sin egendom, hopvuxen som en bonde med sin gård, på vilken före honom hans fäder arbetat, hopvuxen som en gammaldags köpman med firman, som bär familjens namn, eller som en äkta hantverkare med sin verkstad och sitt yrke: något vars värde för ägaren icke kan uttryckas i pengar utan som består i en samhörighet, vars förstörande är ett attentat mot livet självt. Därför är verklig "egendom" i djupare mening alltid fast egendom. Den är oupplösligt förbunden med ägaren. Den b e s t å r av ting och är icke "placerad" i dem, såsom kontanta förmögenheter, som blott kunna bestämmas kvantitativt och egentligen äro hemlösa. Därför sträva uppåtgående släkter alltid efter jordagods såsom den fasta egendomens urform, och degenererade släkter söka förvandla dem i kontanter. Även däri ligger skillnaden mellan kultur och civilisation.

Men pengar äro något abstrakt, en ren v ä r d e m ä n g d efter marknadskurs, vilken endast kan mätas matematiskt i den ena eller andra valutan. I möjligheten att på kort tid komma åt dem genom hasardspel eller inbrott, politiska affärer eller börsspekulationer med summor, som man icke har, och å andra sidan i möjligheten att när som helst kunna kasta ut dem, däri ligger den enda tjusningen. Därutinnan äro proletärer och parvenyer ense, och därutinnan består också en inre släktskap mellan bolsjevism och amerikanism. Vad en radikal partiledare eller en spekulant, som kommit åt pengar, "har", det skall v i s a s. De slott, som förvärvats av nyrika jakobiner och slipade finansmän alltifrån sjuttonhundratalets franska skatteförpaktare till nordamerikanska miljonärer, tala ett tydligt språk, och så var det också i det gamla Rom, där Martialis, Juvenalis, Petronius gjorde narr av detta mode att ställa fram till åskådande alltför hastigt förvärvade penningmassor. Naturligtvis är det för sig själv man ger ut allting, även när man gör en stiftelse, slösar eller stoppar i andras fickor; men å s k å d a r e n är det väsentliga. Hela världen skall veta det, eljest har det ingen mening. Man njuter av själva utgivandet av pengar såsom sådant. Man vill spela mecenat, emedan man hört talas om sådant, men man blir blott en kopia av den romerske uppkomlingen Trimalchio. Man fyller sitt hus med saker, som man icke förstår något av; priset på dem är det enda viktiga. Hela konsthandeln lever därpå i dag liksom på Cæsars tid. Men de meningslösaste "slösarna" och "frossarna" äro dock att finna på de sannskyldiga förbrytarkrogar, där smutsiga vinster och partiarvoden drickas upp och spelas bort, icke i gamla patriciska borgarhus och på gamla familjers jordagods. Men emedan man icke har kultur, den t r a d i t i o n i njutandet, vilken förstår att göra mycket av litet, och icke kan förvärva den med pengar, så hackar trots allt avunden hos alla simpla människor på detta slags överlägsenhet.

Det måste alltjämt upprepas, just i dag, då i Tyskland "nationella" revolutionärer svärma likt tiggarmunkar för idealen allmän fattigdom och nöd och i skön endräkt med marxisterna förklara allt slags rikedom för brott och last, då de draga i härnad mot allt, som har en hög kulturs överlägsenhet även i fråga om yttre ting och som höjer sig över andra genom förmågan att förvärva, bevara och använda egendom — och det av avundsjuka över denna förmåga, som de själva helt sakna: h ö g k u l t u r ä r o s k i l j a k t i g t f ö r b u n d e n m e d l y x o c h r i k e d o m. Lyxen, d. v. s. förmågan att röra sig på ett naturligt sätt bland kulturföremål, som i andligt avseende höra till personligheten, är i alla produktiva tider förutsättningen för t. ex. uppkomsten av en stor konst, som i dag icke längre existerar även av det skäl att det verkliga konstlivet slocknat sedan förra århundradet. Detta liv har alltid utspelats i s o c i e t e t e n, bland konstkännare och skapare av betydande verk, men icke mellan konsthandlare, konstkritiker och snobbar, och ej heller inom "folket" eller ens "allmänheten". Och rikedom, som samlas på få händer och i ledande skikt, är bland annat förutsättning för fostran av generationer av ledare genom exemplet av en högt utvecklad omgivning, utan vilken intet sunt ekonomiskt liv och ingen utveckling av politiska talanger kunna tänkas. En uppfinnare kan vara fattig, men hos ett folk av tiggare kommer hans begåvning icke till mognad genom stora uppgifter och ofta icke ens till medvetande om sig själv. Och annat är icke förhållandet med statsmannagåvor och konstnärsanlag. Därför ha tyskarna sedan 1648 blivit ett världsfrämmande folk av teoretiker, diktare, musiker, ty endast därtill behövas inga pengar. De förväxlade och förväxla ännu i dag romantiska inbillningar med verklig politik, ty det kostar ingenting — utom framgången. Men rikedom är ett relativt begrepp. Vad som i England 1770 betydde ringa välstånd skulle i Preussen betytt stor rikedom. Och likaså fattigdom: den preussiska adeln var i sin storhetstid fattig och därför i motsats till den engelska fattig på statsmannatalanger, vilka för sin utbildning, bortsett från sällsynta undantag, förutsätta livet i stora världen; den var fattig, men k ä n d e det icke som fattigdom.[1] Bristen på betydande egendom eller inkomst är ingen olycka eller elände, lika litet som förefintligheten därav betyder lycka ens i

---

[1] Självklart icke heller som ett företräde, vilket man måste säga många idioter om och om igen. Högljutt lovprisande av fattigdomen är lika misstänkligt som smädande av rikedomen: därunder döljer sig förargelsen över egen oförmåga att göra en ände på fattigdomen.

Den vita världsrevolutionen 85

alldaglig mening. Icke själva detta faktum, utan först tänkandet därpå, förnimmelsen av olikheterna såsom m o t s a t s e r, avundsjukan göra den till en olycka. För att man skall k ä n n a sig eländig måste man först väckas till leda för en blygsam tillvaro, och det har i alla tider varit demagogernas uppgift. I Albrecht Dürers Nürnberg gladde sig gemene man utan avund åt de högre ståndens prakt. Något av fädernestadens glans föll också på honom, han besinnade, att hans egen levnadsstandard var beroende därav och att han aldrig skulle känt sig lycklig i de andras villkor. Bonddrängars och hantverkares enkla förstånd vet med sig, att egendom framför allt betyder ansvar, bekymmer och arbete. Men alltsedan sjuttonhundratalet, sedan uppkomsten av det rationalistiska tänkandet över liv, historia och människoöde, har avunden, som av naturen ligger den flitige och duglige arbetaren fjärran, planmässigt underblåsts av de demokratiska yrkespolitikernas och journalisternas undre värld, vilka förtjänade därpå eller tillfredsställde sina sjukliga känslor. Begäret efter andras egendom, vilken betecknas som stöld, utan att man aktar eller beaktar det därmed förbundna arbetet och begåvningen, utbildas till v ä r l d s-å s k å d n i n g och har till följd en motsvarande p o l i t i k n e d i f r å n.

Och först därmed börjar samhällets revolution erhålla en ekonomisk tendens, som kommer till uttryck i agitatoriska teorier, icke i avseende på ekonomiens organisation och mål, utan med hänsyn till penningvärdet av dess anläggningar och avkastningar. Det skapas m o t s a t s e r mellan rik och fattig för att öppna kampen mellan dem. Man vill hava "allt", som finns och kan förvandlas i pengar, till delning eller gemensam egendom, och man vill förstöra vad man icke själv kan hava, för att de andra icke heller skola äga det. Ur denna känslostämning och tankeriktning, i c k e hos de undre samhällsskikten, utan hos deras självkorade ledare, har uppkommit vad som i antiken hette lika fördelning av egendomen och som nu heter klasskamp och socialism. Det är kampen mellan nedtill och upptill i samhället, som föres mellan nationernas ledare och ledarna från den undre världen, för vilka handens arbetare blott äro objekt

86 *Avgörande år*

och medel för deras egna ändamål, en kamp, i vilken det åldrande samhället blott för en svag defensiv, men dess borna fiender en skoningslös offensiv, tills den annalkande cesarismen med proletariatets diktatur gör ett slut på både gracchiska och catilinariska tendenser.

13.

Därmed äro förutsättningarna vunna för en teckning av den "vita" revolutionen i dess fulla omfång, dess mål, dess varaktighet och dess logiska utveckling, något som ingen hittills vågat och som kanske icke heller varit möjligt, innan den med följderna av det första världskriget trädde in i de avgörande årtiondena. Skepticismen, förutsättningen för den historiska blicken, f ö r u t s ä t t n i n g e n f ö r a t t s e h i s t o r i e n u n d e r s i g — liksom människoföraktet är den nödvändiga förutsättningen för djup människokännedom — den står icke vid tingens begynnelse.

Denna revolution begynner i c k e med det nittonde århundradets materialistiska socialism och ännu mindre med bolsjevismen av 1917. Den är sedan mitten av sjuttonhundratalet "i permanens" för att begagna en av dess kuranta fraser. Då började den rationalistiska kritiken, som stolt kallade sig "upplysningsfilosofi", vända sin förstörande verksamhet från kristendomens teologiska system och de bildades traditionella världsåskådning, som icke var annat än teologi utan vilja till system, till verklighetens fakta, staten, samhället och till sist ekonomiens utbildade former. Den började med att beröva begreppen folk, rätt och regering deras historiska innehåll och helt materialistiskt göra skillnaden mellan rik och fattig till en m o r a l i s k motsats, som blev mer agitatoriskt hävdad än ärligt trodd. H i t h ö r n a t i o n a l e k o n o m i e n, som grundlades såsom en materialistisk vetenskap omkring 1770 av Adam Smith i förening med Hartley, Priestley, Mandeville och Bentham och som tog sig för att betrakta människorna som tillbehör till det ekonomiska läget och att "förklara" historien ur begreppen pris, marknad och vara. Från

Den vita världsrevolutionen 87

Smith stammar uppfattningen av arbetet icke som livsinnehåll och levnadskall, utan som v a r a, med vilken den arbetande driver handel. Glömda äro alla de lidelser och skapelser av starka personligheter och raser, vilka gestalta historien, den på befallande och härskande, på makt och rov riktade viljan, uppfinnaredriften, hatet, hämnden, stoltheten över egen kraft och dess framgångar samt å andra sidan de undermåligas avund, lättja och giftiga känslor. Kvar bliva blott "lagarna" för penningen och priset, vilka finna sitt uttryck i statistiska tabeller och grafiska kurvor.

Vid sidan därom begynner flagellantismen i det sjunkande samhället, som blivit alltför snillrikt, som applåderar sitt eget förhånande: "Figaros bröllop" av herr *"de"* Beaumarchais, som trots kungligt förbud uppfördes i slottet Gennevilliers inför den flinande hovadeln, romanerna av herr *"de"*[1] Voltaire, vilka slukats i de högsta kretsarna från London till Petersburg, Hogarths teckningar, Gullivers resor, ja Schillers "Rövare" och "Kabal och kärlek", de enda g e- n i a l a verk av revolutionär diktning, som finnas, bevisa detta genom sin publik, som alls icke hörde till de undre skikten.[2] Det som skrevs i själva den höga societetens spiritualiserade kretsar, lord Chesterfields brev, hertig de la Rochefoucaulds maximer, baron Holbachs *"Système de la nature"*, var obegripligt utanför societeten i följd av den spirituella jargongen, bortsett ifrån att läs- och skrivkunnighet icke voro allmänt utbredda ens i mellanskikten.

Så mycket bättre förstodo yrkesdemagogerna i städernas undre värld, vilka icke lärt annat än att hålla tal och skriva pamfletter, att förträffliga slagord för agitationen bland massan kunde utvinnas ur dessa skrifter. I England började oroligheterna 1762 med fallet Wilkes, en person som blivit dömd för smädelse i pressen mot regeringen och ändock

---

[1] Icke blott dessa småborgerliga industririddare och litteratörer, söner av urmakaren Caron och uppbördsmannen Arouet, utan även "de" Robespierre hava ännu på nationalförsamlingens tid olagligt burit adelstiteln. De ville räknas till den societet, som de förstörde: ett karakteristiskt drag hos alla revolutionärer av detta slag.

[2] Likaså 1880-talets socialistiska pjäser och romaner och de bolsjevistiska efter 1918, som i alla Västeuropas storstäder betalades av dem, mot vilka deras angrepp var riktat.

gång på gång invaldes i underhuset. Vid möten och planmässiga kravaller *(riots)* var "Wilkes och frihet" det rop, varmed tryckfrihet, allmän valrätt och till och med republik krävdes. Då skrev Marat sin första pamflett *"The Chains of Slavery"* i England och för engelsmän (1774). De amerikanska koloniernas avfall (1776), deras deklarerande av de allmänna människorättigheterna och republiken, deras frihetsträd och dygdeförbundare anknöto ytterst till engelska rörelser under dessa år.[1] Från och med 1779 uppstå klubbarna och de hemliga sällskapen, vilka spredo sig över hela landet och syftade till en revolution och efter 1790 med ministrarna Fox och Sheridan i spetsen sände konventet och jakobinerna lyckönskningsadresser, brev och råd. Hade icke den härskande engelska plutokratien varit mera energisk än det fega hovet i Versailles, skulle revolutionen hava brutit ut i London ännu tidigare än i Paris.[2] Parisklubbarna, framför allt feuillanterna och jakobinerna, äro med sina program, sin förgrening över hela Frankrike och formen för sin agitation ingenting annat än kopior av de engelska, och de senare hava översatt det franska *citoyen* som tilltalsord till sina medlemmar med *citizen* och det nybildade femininet *citizeness* och övertagit frasen frihet, jämlikhet och broderskap liksom beteckningen av konungarna som tyranner. Sedan dess och ännu i dag har detta förblivit formen för förberedandet av revolutioner. Då uppstod det "allmänna" kravet på press- och församlingsfrihet s o m m e d e l d ä r f ö r, den politiska liberalismens huvudkrav, kravet att vara fri från de etiska banden av gammal kultur, ett krav, som var allt annat än allmänt, men betecknades så av skrikhalsarna och skriftställarna, som ville leva därav och vinna sina privata syften med denna frihet. Men det gamla samhället, som var besatt av *esprit*, de "bildade",

---

[1] Loyalisterna, de icke republikanskt sinnade amerikanarna, utvandrade med anledning därav mer eller mindre frivilligt till Kanada.
[2] I Tyskland gick det icke därhän, emedan en egentlig huvudstad med alla dess tillbehör av agitatorer, vinkelpredikanter och vaneförbrytare fattades. Ideologerna funnos där. Man behöver bara erinra om Georg Forster och andra, som uppträdde i Mainz och sedan i Paris som jakobiner och dogo för sin åsikt. 1793 måste de politiska klubbarna efter engelsk-fransk förebild förbjudas genom en rikslag.

det nittonde århundradets kälkborgare, d. v. s. o f f r e n för denna frihet, upphöjde dem till ett ideal, som slapp undan all kritik av sina motiv. I dag, då vi se inför oss icke blott det adertonde århundradets förhoppningar utan ock följderna i det tjugonde århundradet, går det äntligen för sig att tala därom. Frihet varifrån, vartill? Vem betalade pressen och agitationen? Vem förtjänade därpå? Dessa friheter hava överallt visat sig vara vad de verkligen äro: nihilismens medel att göra samhället jämnstruket, den undre världens medel att på de stora städernas massa inympa den mening — en egen har den icke — som för detta ändamål lovar bästa resultatet.[1] Därför bliva dessa friheter — även den allmänna rösträtten hör dit — åter bekämpade, avskaffade och förvandlade till sin motsats i det ögonblick, då de uppfyllt sitt ändamål och givit sina innehavare makten i handom, i det jakobinska Frankrike från 1793, i det bolsjevistiska Ryssland och i fackföreningsrepubliken Tyskland sedan 1918. När voro tidningsförbuden flest, 1820 eller 1920? Frihet, det var alltid friheten för dem, som ville erövra makten, icke för dem, som ville avskaffa makten.

Denna aktiva liberalism fortskrider konsekvent från jakobinism till bolsjevism. Detta är ingen motsats i tanke och vilja. Det är både den tidiga och den sena formen, början och slutet av en e n h e t l i g rörelse. Och den begynner omkring 1770 med sentimentala "socialpolitiska" tendenser: samhällsbyggnaden efter stånd och rang skall förstöras; man vill tillbaka till "naturen", till den likformiga horden. I ståndets ställe skall träda det som icke är stånd, penningar och ande, kontor och kateder, räknare och skrivare; i det formfulla livets ställe livet utan form, utan stil, utan plikter, utan åtskillnad. Först omkring 1840 övergår denna socialpolitiska tendens till en ekonomisk-politisk. I stället för att vända sig mot de förnäma vänder man sig mot de ägande, allt från bonden till företagaren. Det är icke längre jämlikhet i rättigheter, som utlovas åt rörelsens anhängare, utan de egendomslösas f ö r e t r ä d e s r ä t t, icke längre frihet för

---

[1] Efter pressfrihet ropar ingen annan än den som vill missbruka den (Goethe).

90 *Avgörande år*

alla, utan s t o r s t a d s p r o l e t a r i a t e t s, "arbetsfolkets", d i k t a t u r. Men detta är ingen olikhet i världsåskådningen — den var och förblev materialistisk och utilitaristisk — utan endast och allenast i den revolutionära m e t o d e n: den yrkesmässiga demagogien mobiliserar e n a n n a n d e l av folken för klasskampen. Först, omkring 1770, hade man tveksamt vänt sig till bönderna och hantverkarna, i England liksom i Frankrike. De deputerade från landet och småstäderna 1789 kommo med sina *cahiers*, vilka skulle representera "Nationens nödrop", men dessa cahiers voro författade av yrkesmässiga "skrikhalsar"[1] och begrepos alls icke av en stor del av valmännen. Dessa skikt hade för mycket av djupt rotad tradition för att utan vidare vara brukbara som medel och vapen. Utan pöbeln i de östra förstäderna skulle skräckväldet i Paris icke varit möjligt. Man behövde den stora stadens ständigt närvarande knytnävar. Det är icke sant, att det då skulle varit fråga om "ekonomisk" nöd. Skatter och tullar voro r e g a l i e r. Den allmänna rösträtten skulle vara ett slag mot s a m h ä l l s- o r d n i n g e n. Samma blev grunden även till konventets misslyckande: bönder och hantverkare voro intet pålitligt följe åt yrkesdemagoger. De ägde medfödd känsla för olikheten mellan människorna. De hade för mycken instinkt och för liten stadsintelligens. De voro flitiga och hade lärt sig något; dessutom ville de lämna gården eller verkstaden i arv åt sönerna: program och slagord gjorde i längden ingen verkan.

Först omkring 1840 fann Västeuropas skrivande och talande demagogi, som fortfor att utveckla sig uniformt,[2] ett bättre medel för sina ändamål i den rotlösa massa, som samlade sig kring kolet i norra Europa, industriarbetartypen. Man måste komma till klarhet om ett faktum, som varit djupt dolt i de partipolitiska stridernas dimma: det är icke det "ekonomiska eländet", som "kapitalismen" bragt över

---

[1] *A. Wahl* i sina studier till den franska revolutionens förhistoria, 1901.
[2] De bekanta ledarna tillhöra alla "bourgeoisien". Owen, Fourier, Engels voro "företagare", Marx och Lassalle "akademiker', Danton och Robespierre hade varit jurister, Marat medicinare. Resten voro litteratörer och journalister. Det fanns ingen enda arbetare bland dem.

"proletariatet", som lett till socialismens uppkomst, utan det är y r k e s a g i t a t i o n e n, som skapat denna "målmedvetna" åskådning om saker och ting, liksom den före 1789 tecknat den fullkomligt falska bilden av det utarmade bondeståndet[1] och detta blott därför, att den här hoppades kunna värva ett viljelöst följe. Och den bildade och halvbildade bourgeoisien trodde därpå och gör det ännu i dag. Ordet "arbetare" har allt sedan 1848 omgivits med en helgongloria, utan att man reflekterade på dess mening och gränserna för dess användande. Och "arbetarklassen", som icke existerar i något enda folks ekonomiska struktur — ty vad hava bergsmannen, matrosen, skräddargesällen, metallarbetaren, kyparen, banktjänstemannen, bonddrängen och gatsoparen att göra med varandra? — blir en p o l i t i s k verklighet, ett aggressivt p a r t i, som kluvit alla vita folk i två fronter, av vilka den ena måste underhålla en här av partifunktionärer, masstalare, tidningsskrivare och "folkrepresentanter" och med sitt blod svara för deras privata mål. Det är ändamålet med dess tillvaro. Motsatsen mellan kapitalism och socialism — ord, med vilkas definierande en kolossal litteratur fåfängt gjort sig möda, ty man definierar icke slagord — är icke härledd ur någon verklighet, utan blott en uppviglande konstruktion. Marx har infört den i den engelska maskinindustriens förhållanden, icke utläst den ur dem, och till och med detta var endast möjligt därigenom att han bortsåg från förekomsten av alla de människor, som sysslade med lantbruk, handel, samfärdsel och förvaltning. Denna tidsbild hade så litet med verkligheten och dess människor att göra, att till och med södern skiljt sig från norden i teoretiskt avseende: gränsen ligger ungefär på linjen Lyon—Milano. I den romanska södern, där man behöver obetydligt att leva av och arbetar obetydligt, där det icke finns kol och därför ingen storindustri, där man i enlighet med sin ras tänker och känner annorlunda, utvecklade sig de anarkistiska och syndikalistiska tendenserna, vilkas önskemål är de stora folkorganisationernas upplösning i statslösa

---
[1] Som snart efter övergavs, emedan den icke hade önskad effekt. I verkligheten hade de franska bönderna under Ludvig XVI det bättre än annorstädes i Europa.

små grupper, som äro sig själva nog, lättjans beduinsvärmar. Men nordligare, där den stränga vintern kräver strängare arbete och gör detta lika möjligt som nödvändigt, där till kampen mot hungern sedan urminnes tider kommer kampen mot kölden, uppstå ur den germanska, på organisation i stort riktade viljan till makt den auktoritära kommunismens olika system med en proletariatets diktatur över hela världen som slutmål. Och just emedan dessa nordligare länders kolfält under 1800-talet föranlett en anhopning av människor och nationalförmögenheter av dittills oerhörd storlek, har också demagogien i dem och utöver deras gränser fått en helt annan slagkraft. Den engelske, tyske, amerikanske fabriksarbetarens h ö g a löner segrade, just emedan de voro allt annat än "svältlöner", över lantarbetarnas i södern låga löner, och just i följd av denna "kapitalistiska" överlägsenhet i partimedlen har marxismen segrat över Fouriers och Proudhons teorier. Bondeklassen beaktas icke mer av dem. Den har föga värde som vapen för klasskampen, redan därför att den icke alltid står till förfogande på gatan i staden och därför att dess traditioner om egendom och arbete strida emot marxismens teori, och den ignoreras därför i det kommunistiska manifestets slagord. Orden bourgeoisi och proletariat prägla in sig, och ju enfaldigare man är, dess mindre märker man, huru mycket det är, som stannar utanför detta schema.

Varje demagogi formar sitt program efter den del av nationen, på vars mobilisering den räknar för sina ändamål. I Rom var denna del från Flaminius till C. Gracchus den italiska bondeklassen, vilken ville hava jord att bruka. Därpå berodde uppdelandet av det galliska området söder om Po genom den förre och kravet på uppdelandet av *ager publicus* genom den senare. Men Gracchus gick under, emedan bönderna, som i massor vandrat till Rom för att rösta, för skördens skull åter måste hem. Efter denna tid räknade demagogerna av Cinnas och Catilinas slag på slavarna och framför allt — i stället för de flitiga daglönarna, såsom det skett i de grekiska städerna sedan Kleon — på den sysslolösa pöbeln av obestämd härkomst, vilken flanerade på Roms gator och ville födas och roas: *panem et circenses!* Just därför att man ett helt århundrade tävlat i bemödanden att vinna dessa massor med allt större kostnader, växte de till ett omfång, som även efter Cæsars tid bildade en ständig fara för världsrikets regering. Ju undermåligare ett sådant följe är, desto användbarare är det. Och därför har bolsjevismen sedan Pariskommunen av 1871 mycket mindre sökt verka på den kunnige, flitige och nyktre arbetaren, som tänker på sitt yrke och sin familj, än på de stora städernas arbetsskygga slödder, som varje ögonblick är redo att plundra och mörda. Därför hava de härskande fackföreningspartierna i Tyskland från 1918 till åren för den stora arbetslösheten aktat sig väl att låta en laglig skillnad uppstå mellan arbetslösa och arbetsskygga. Då bestod, vid sidan om understödjandet av uppgiven arbetslöshet, brist på arbetare, framför allt på landet, och ingen ville på allvar hindra detta. Sjukkassorna missbrukades av tusenden för att få slippa från arbetet. Arbetslösheten har från första början rent av uppammats av marxismen. Begreppet proletär utesluter arbetsglädje. En arbetare, som kan något och är stolt över vad han uträttar, känner sig icke som proletär. Han står i vägen för den revolutionära rörelsen. Han måste proletariseras, demoraliseras för att vara brukbar för den. Detta är den egentliga bolsjevismen, i vilken denna revolution finner sin kulmen, men icke på långt när sin avslutning.

Det kännetecknar ytligheten i hela den "vita" världens tänkande, att denna bolsjevism betraktas som en rysk skapelse, som hotar att erövra Västeuropa. I verkligheten har den uppstått i Västeuropa, och det med konsekvent nödvändighet såsom sista fasen i den liberala demokratien av 1770 och sista triumfen för den politiska rationalismen, d. v. s. för förmätenheten att vilja mästra den levande historien genom papperssystem och pappersideal. Dess första utbrott i stor stil efter junistriderna 1848 var Pariskommunen av 1871, som var nära att erövra hela Frankrike.[1] Det hindrades endast av armén — o c h den tyska politiken, som moraliskt stödde denna armé. Då, icke 1917 i Ryssland, uppstodo ur de faktiska förhållandena i en belägrad huvudstad de arbe-

---
[1] Upproret kom också till utbrott i Lyon, Marseille, Toulouse, Creuzot, Narbonne, alltså betecknande nog i *södern*.

tare- och soldatråd, som Marx, en idiot i praktiska frågor, sedan dess rekommenderade såsom alternativ form för en kommunistisk regering. Då skedde först mass-slaktandet av motståndarna, vilket kostade Frankrike flera döda än hela kriget mot Tyskland. Då regerade i verkligheten icke arbetarklassen, utan det arbetsskygga slöddret, desertörer, brottslingar och soutenörer, litteratörer och journalister, däribland som alltid många utlänningar, polacker, judar, italienare och till och med tyskar. Men det var en specifikt fransk revolutionsform. Om Marx var icke något tal, men så mycket mera om Proudhon och Fourier, om jakobinerna av 1792. Ett löst förbund av de stora städerna, d. v. s. av deras understa skikt, skulle kuva och behärska landsbygden och de små städerna, en tanke, typisk för den romanska anarkismen. Något liknande hade slaktaren Caboche försökt redan 1411 med den militäriskt organiserade pöbeln i Paris. Vad som skedde i Petersburg 1917 var blott en kopia med en likartad "västlig" pöbel och med likadana slagord. Men den "asiatiska" sidan av denna ryska revolution, som då knappast syntes till och ännu i dag icke lyckats övervinna sovjetstyrelsens västligt-kommunistiska former, fann sitt tidigaste uttryck i Pugatjevs uppror 1772—1775, som omfattade hela övre Volgaområdet och tidvis hotade Moskva och därmed tsarismen. Det religiöst inspirerade[1] bondedömet, däribland hela kosackstammar, dödade alla representanter för Peters "europeiskt" formade Ryssland, som föllo i dess händer: officerare, ämbetsmän och framför allt den nya sortens adelsmän. Man borde hava gjort likadant med sovjetbyråkratiens representanter, och dess efterkommande skulle gärna göra det i dag och komma kanske verkligen att göra det i morgon. Hatet mot denna på främmande system baserade regering, mot vilket våra dagars Moskva allt mindre förmår värja sig, är mycket gammalt och går tillbaka till streltsernas uppror mot Peter den store. Västerns demokrater och socialister kunna över huvud taget icke ur sin mentalitet hämta någon känsla för det. Här uppenbarar sig motsatsen mellan den verkliga bolsjevismen, som ruvar i

[1] "Det var Guds vilja att genom mig, ett ringa verktyg, tukta Ryssland", sade Pugatjev inför sina domare.

alla "vita" folks undre lager och till vilken denna demokrati och socialism själva höra, och det hat, som samlar sig i alla f ä r g a d e befolkningar i världen mot den vita civilisationen som helhet, inklusive dess revolutionära strömningar.

Men hur ställer sig den västeuropeiska civilisationens "samhälle", som i det nutida England gärna betecknar sig som medelklass, på kontinenten som borgardöme — ty det har likaledes glömt bönderna[1] — sedan 1770 och framför allt sedan 1848 till denna fortgående revolution nedifrån, vilken är ett f a k t u m, som sedan lång tid tillbaka föraktar och hånar sitt liberala förstadium och dess av den politiska upplysningen krävda friheter, press-, förenings-, församlingsfriheten, och den allmänna rösträtten, sedan det utnyttjat dem till de yttersta möjligheterna i upplösningssyfte? Det är ett skammens kapitel, som återstår för framtidens historiker att berätta. Ehuru uppbyggt på de urmänskliga faktiska begreppen makt, stånd och egendom har samhället tålt, "förstått", firat, understött det nihilistiska angreppet på dem. Detta intellektuella självmord var förra århundradets stora moderiktning.

Det måste alltjämt fastslås, att detta samhälle, i vilket övergången från kultur till civilisation just nu försiggår, är s j u k t, sjukt i sina instinkter och därför även i sin anda. Det värjer sig icke. Det finner behag i att hånas och upplösas. Det faller alltmera sönder sedan mitten av sjuttonhundratalet i l i b e r a l a och k o n s e r v a t i v a kretsar, de senare först i motsättning till de förra, sedan i ett desperationens försvar mot dem. På ena sidan finnes ett litet antal människor, som av säker instinkt för den politiska verkligheten se vad som försiggår och vart det bär hän och som försöka hindra, moderera, avleda, personligheter av sådant slag som Scipionerna och deras krets i Rom, från vilkas åskådningar Polybius utgått vid författandet av sitt historieverk; vidare Burke, Pitt, Wellington, Disraeli i England, Metternich och Hegel och senare Bismarck i Tyskland, Tocqueville i Frankrike. De hava sökt försvara den gamla

---
[1] Detsamma uttryckes i Frankrike sedan 1789 i själva verket av orden *citoyen* och *bourgeois*, stadsviljan gentemot landet.

kulturens uppehållande makter, staten, monarkien, hären, ståndskänslan, egendomen, bondedömet, till och med där de hade invändningar emot dem, och utskrikas därför som "reaktionära", ett ord, som uppfunnits av liberalerna och i dag användes på dem själva av deras marxistiska lärjungar, när de nu söka hindra de yttersta följderna av sina gärningar; däri ligger det prisade framåtskridandet. På den andra sidan befinner sig nästan allt, som äger stadsintelligens eller åtminstone beundrar den som tecken på tidsenlig överlägsenhet och som framtidens makt — en framtid, som i dag redan är förfluten tid.

Här upphöjes journalismen till tidens härskande uttryck. Den är det adertonde århundradets kritiska *esprit*, förtunnad och förflackad till bruk för andliga medelmåttor, och man må icke glömma, att det grekiska *krinein* betyder skilja, sönderdela, upplösa. Drama, lyrik, filosofi, till och med naturvetenskap och historieskrivning[1] bliva ledare och följetong med en obehärskad tendens mot allt, som är konservativt och som en gång ingav vördnad. Partiet upphöjes till den liberala ersättningen för stånd och stat, revolutionen i form av periodiska massvalkampanjer med alla medel, penningens, "andens" och till och med efter gracchisk metod våldets, upphöjes till ett författningsenligt förfarande, regerandet såsom den statliga tillvarons mening och uppgift antingen bekämpas och hånas eller nedsättes till en partiaffär. Men liberalismens blindhet och feghet gå längre. T o l e r a n s   g a r a n t e r a s   å t   s t o r s t a d s d r ä g g e n s   f ö r s t ö r a n d e   m a k t e r,   m e n   k r ä v e s   i c k e   a v   d e m. Med motbjudande sentimentalitet bliva ryska nihilister och spanska anarkister beundrade och firade av Västeuropas "goda" societet och befordras från den ena eleganta salongen till den andra. I Paris och London och framför allt i Schweiz skyddas omsorgsfullt icke blott deras

---

[1] Man tänkte blott på Hæckel! Mommsens Romerska historia är en pamflett av en man från "48" mot "junkrar och präster" med en fullkomligt vilseledande framställning av Roms inre utveckling. Först Eduard Meyer har i sina "Undersökningar till Gracchernas historia" och "Cæsars monarki och Pompejus' principat" givit en opartisk redogörelse för dessa tilldragelser.

existens, utan även deras underminerande verksamhet. Den liberala pressen ekar av förbannelser mot fängelserna, i vilka frihetens martyrer försmäkta, och intet ord fälles till förmån för statsordningens otaliga försvarare ända ned till den enkle soldaten och poliskonstapeln, som i utövningen av sin plikt sprängts i luften, skjutits till krympling eller slaktats.[1]

Begreppet proletariat, som skapats av socialistiska teoretiker med välberäknad avsikt, accepteras av borgardömet. Det har i verkligheten alls ingenting att skaffa med de tusen olika slagen av strängt och sakkunnigt arbete, från fiske till boktryck, från trädfällning till lokomotivföring. Det föraktas av flitiga och kunniga arbetare och kännes som en skymf, och det skapades också blott och bart i syfte att inlemma dem bland storstadens pöbel för omstörtande av samhällsordningen. Först liberalismen har gjort det till medelpunkt i det allmänna politiska tänkandet genom att använda det som ett fast begrepp. Under namnet naturalism uppstod en vidrig litteratur och målarkonst, som upphöjde smutsen till estetisk tjusning och simpla människors simpla känslor och tankar till en bindande världsåskådning. Med "folk" förstod man icke mera hela nationen, utan den del av massan i staden, som opponerade sig mot folkgemenskapen. Proletären uppträdde som hjälte på det progressiva kälkborgardömets scen och jämte honom skökan, den arbetsskygge, agitatorn, brottslingen. Det gäller numera som modernt och överlägset att se världen nedifrån, i lönnkrogars och illa beryktade gators perspektiv. Då uppstod "proletärkulten" i liberala kretsar i Västeuropa och icke 1918 i Ryssland. En ödesdiger inbillning, halvt lögn, halvt dumhet, börjar bemäktiga sig huvudet på bildade och halvbildade: "arbetaren" blir den egentliga människan, det egentliga folket, historiens, politikens, den offentliga vårdnadens

---

[1] Då Schopenhauer i sitt testamente bestämt en summa till de efterlevande efter soldater, som fallit i Berlin 1848 — ingen annan hade tänkt på d e s s a offer för revolutionen — höjde litteratörerna under ledning av Gutzkow ett ramaskri över denna skam. Från samma anda stammar medlidandet med den bolsjevistiske massmördaren Trotzki, då Västeuropas "borgerliga" regeringar nekade honom statligt skydd för besök vid en kurort.

7. — *Avgörande år.*

mening och mål. Att alla människor arbeta, att framför allt somliga utföra mer och viktigare arbete, såsom uppfinnaren, ingenjören, organisatorn, det är glömt. Ingen vågar mera betona ett arbetes rang, dess k v a l i t e t såsom måttstock på dess värde. Endast det arbete, som mätes efter timmar, gäller som arbete. Och "arbetaren" är tillika den arme och olycklige, den arvlöse, svältande, exploaterade. På honom ensam användas orden bekymmer och nöd. Ingen tänker mera på bonden i karga landsändar, på hans felslagna skördar, på farorna för hagel och frost, på hans bekymmer för försäljningen av sin jords alster, på fattiga hantverkares eländiga liv i områden med stark industri, på tragedierna för småhandlare, havsfiskare, uppfinnare, läkare, som i ångest och fara måste kämpa för varje bit dagligt bröd och som gå under i tusental, utan att någon bryr sig därom. "Arbetaren" ensam finner medlidande. Han ensam understödes, försörjes, försäkras. Ä n n u m e r a, h a n u p p h ö j e s t i l l h e l g o n, t i l l t i d e n s a v g u d. Världen vrider sig omkring honom. Han är ekonomiens medelpunkt och politikens skötebarn. Alla äro till för hans skull; nationens flertal har att tjäna honom. Man får göra sig lustig över den dumme, tjocke bonden, den late ämbetsmannen, den bedräglige krämaren, för att icke tala om domaren, officeren och företagaren, de privilegierade föremålen för hätsk kvickhet, men ingen skulle våga överösa "arbetaren" med samma hån. Alla andra äro dagdrivare, men icke han. Alla äro egoister, men icke han. Borgardömet svänger rökelsekaren för denna fantom; den som uträttar aldrig så mycket i sitt liv måste ligga på knä för honom. Hans tillvaro är höjd över all kritik. Först borgardömet har fullt genomfört detta sätt att se tingen, och de påpassliga "folkrepresentanterna" parasitera på denna legend. De hava så länge berättat den för lönarbetarna, tills dessa trodde på den, tills de verkligen kände sig misshandlade och eländiga, tills de förlorade varje måttstock för sitt arbete och sin betydelse. Liberalismen i förhållandet till demagogiens tendenser är den form, vari det sjuka samhället begår självmord. Med detta perspektiv giver det sig självt förlorat. Klasskampen, som föres emot det, förbittrat och utan förbarmande, finner det berett på politisk kapitulation, sedan det i andligt avseende hjälpt till att smida motståndarens vapen. Endast det konservativa elementet, hur svagt det än varit i förra århundradet, kan och s k a l l i framtiden hindra slutet.

14.

Vem är det då, som uppviglat och organiserat denna massa lönarbetare i storstäderna och industridistrikten, försett den med slagord och genom en cynisk propaganda drivit den till klasshatet mot nationens flertal? Det är i c k e den flitige, kunnige arbetaren, "straubingarn" (vagabonden), som han i brevväxlingen mellan Marx och Engels föraktfullt kallas. Engels talar i brev till Marx den 9 maj 1851 om den demokratiska röda och kommunistiska mobben och skriver den 11 december 1851 till Marx: "Vad duger det packet till, om det glömmer bort att slåss?" Handens arbetare är blott verktyg för yrkesrevolutionärernas privata mål. Han skall slåss för att tillfredsställa deras hat mot de konservativa makterna, deras makthunger.[1] Ville man endast erkänna arbetare som representanter för arbetare, så skulle bänkarna på vänstra sidan i alla parlament bliva ganska tomma. Bland upphovsmännen till de teoretiska programmen och ledarna för revolutionära aktioner finns ingen enda, som verkligen i åratal arbetat på någon fabrik.[2] Västeuropas politiska bohem, i vilken bolsjevismen utvecklat sig sedan mitten av det nittonde århundradet, är sammansatt av samma element, som den bohem, som sedan 1770 utbildat den revolutionära liberalismen. Antingen februarirevolutionen i Paris

[1] *Lenz:* "Staat und Marxismus" (1921, 1924) har visat, att Marx blott av dessa skäl kämpade mot den heliga alliansens stater, särskilt Preussen och Ryssland, innan han omkring 1843 blev socialist, och att han mycket senare var redo att släppa sin egen kommunistiska teori om det industriella proletariatet och ersätta den med en helt annan om bonderörelsen för att säkrare nå sitt mål att störta tsarismen.

[2] Desto fler arbetare, som "arbetat sig upp" genom flit och begåvning, finnas bland företagarna. Bebel har med rasande hat brännmärkt detta såsom förräderi mot arbetarklassen. Enligt hans mening leder arbetarens "målmedvetna" väg endast över partisekreteraren till massledaren.

1848 skedde för "kapitalismen" eller junistriderna mot den, eller "frihet och jämlikhet" 1789 skulle betyda medelklassens, 1793 och 1918 de understa skiktens frihet och jämlikhet, voro i verkligheten för anstiftarna av dessa rörelser målen och de yttersta motiven precis desamma, och på samma sätt står det till i dag i Spanien och i morgon kanske i Förenta staterna. Det är från den andliga mobben, med sådana som misslyckats i alla akademiska yrken i täten, de andligen oförmögna och psykiskt på något sätt efterblivna, som de liberala bolsjevistiska resningarnas gangsters härstamma. "Proletariatets diktatur", d. v. s. deras egen diktatur med hjälp av proletariatet, skall vara deras hämnd på de lyckliga och välsituerade, det sista medlet att stilla den sjuka fåfängan och simpla maktlystnaden, vilka båda framväxa ur självkänslans osäkerhet, det sista uttrycket för fördärvade och missledda instinkter.

Bland alla dessa jurister, journalister, skolmästare, konstnärer, tekniker brukar man förbise en typ, den farligaste av alla: den urspårade prästen. Man glömmer den djupa skillnaden mellan religion och kyrka. Religionen är det personliga förhållandet till makterna i den omgivande världen, sådant det yttrar sig i världsåskådning, from sed och försakande vandel. En kyrka är organisationen av ett prästerskap, som kämpar för sin världsliga makt. Den bemäktigar sig det religiösa livets former och därmed de människor som hålla fast vid dem. Den är därför en boren fiende till alla andra maktformer, statens, ståndets, nationens. Under perserkrigen agiterade prästerskapet i Delfi för Xerxes och mot det nationella försvaret. Cyrus kunde erövra Babylon och störta den siste kaldéerkonungen Naboned, emedan Marduks prästerskap stod i maskopi med honom. Både den fornegyptiska och den fornkinesiska historien äro fulla av exempel härpå, och i västerlandet har det mellan monarki och kyrka, tron och altare, adel och prästadöme endast tillfälligtvis rått vapenvila, då nämligen, när man lovade sig större fördel av ett förbund mot någon tredje. "Mitt rike är icke av denna världen" är den djupa grundsats, som gäller om varje religion och som varje kyrka s v i k e r. Men varje kyrka faller genom sin faktiska tillvaro under betingelserna för det historiska livet; den tänker maktpolitiskt och materiellt ekonomiskt; den för krig på diplomatiskt och militärt sätt och delar med andra maktformer följderna av ungdom och ålderdom, uppstigande och förfall. Och särskilt är den icke ärlig med hänsyn till konservativ politik och tradition i stat och samhälle och kan såsom kyrka icke heller vara det. Alla unga sekter äro i grund och botten fiender till stat och egendom, stånd och rang, men vänner av allmän jämlikhet.[1] Och åldrande kyrkors politik frestas alltid att i avseende på stat och samhälle bliva liberal, demokratisk, socialistisk, alltså nivellerande och förstörande, så snart kampen mellan tradition och mobb börjar, huru konservativa de än äro i avseende på sig själva.

Alla präster äro människor, och därigenom blir kyrkans öde beroende av det mänskliga material, av vilket den i rask följd sammansättes. Även det strängaste urval — och detta är i regel mästerligt — kan icke hindra, att i tider av samhälleligt förfall och revolutionärt raserande av alla gamla former de simpla instinkterna och det simpla tänkandet bliva vanliga och till och med allrådande. I alla dylika tider finnes en präst-p ö b e l, som skändar kyrkans värdighet och tro genom smutsiga partipolitiska intressen, sluter förbund med omstörtningens makter och med de sentimentala fraserna om kärlek till nästan och skydd åt de fattiga hjälper till att lössläppa den undre världen till förstörande av samhällsordningen — den ordning, med vilken även kyrkan oåterkalleligen och ödesdigert är förbunden. En religion är vad de troendes själ är. En kyrka är värd just så mycket, som det prästmaterial, varav den sammansättes.

I franska revolutionens begynnelse stå bredvid svärmen av avsigkomna abbéer, som i åratal skrivit och talat hädiskt mot monarki, auktoritet och stånd, den förrymde munken Fouché och den avfällige biskopen Talleyrand, båda kungamördare och miljontjuvar, napoleonska hertigar och landsförrädare. Efter 1815 blir den kristne prästen allt oftare demokrat, socialist och partipolitiker. Lutherdomen, som

---

[1] Omvänt har varje revolutionär rörelse den helt spontana och ofta alls icke observerade tendensen att antaga kultformer. Förnuftskulten i franska revolutionen är ett bekant exempel. Lenins mausoleum är ett annat.

knappt är någon kyrka, och puritanismen, som alls icke är någon kyrka, hava såsom sådana icke drivit någon destruktiv politik. Den e n s k i l d e prästen gick för sig själv "till folket" och arbetarpartiet, talade på valmöten och i parlament, skrev om "sociala" frågor och slutade som demagog och marxist. Men den katolske prästen, som var starkare bunden, drog kyrkan efter sig på denna väg. Den blev inflätad i partiernas agitation, först som verksamt medel och till sist som offer för denna politik. En katolsk fackföreningsrörelse med socialistiskt-syndikalistiska tendenser fanns i Frankrike redan under Napoleon III. I Tyskland uppstod den efter 1870 av fruktan för att de röda fackföreningarna skulle ensamma erövra makten över massorna i industridistrikten. Och den kom genast om sams med dessa. A l l a arbetarpartier äro dunkelt medvetna om sin gemenskap, huru mycket än ledargrupperna hata varandra.

Det är länge sedan Leo XIII:s världspolitiska blick bildade skola och en äkta kyrko f u r s t e som kardinal Kopp regerade det katolska clerus i Tyskland. Då var kyrkan medveten om att vara en konservativ makt och visste ganska noga, att dess öde var förbundet med de övriga konservativa makterna — den statliga auktoritetens, monarkiens, samhällsordningens och egendomens —, att den i klasskampen obetingat stod på "högra" sidan e m o t de liberala och socialistiska makterna samt att dess egen utsikt till att s å s o m m a k t överleva den revolutionära tiden stod i beroende av detta förhållande. Allt detta har hastigt ändrats. Den andliga disciplinen är skakad. De pöbelaktiga elementen i prästadömet tyrannisera genom sin verksamhet kyrkan ända upp till de högsta posterna, och dessa måste tiga för att icke blotta sin vanmakt inför världen. Kyrkans diplomati, som förr var förnäm alltifrån ovan och för årtionden framåt bedömde sakläget taktiskt, har på vida områden lämnat plats för dagspolitikens simpla metoder, den partimässigt demokratiska agitationen nedifrån med dess tarvliga knep och lögnaktiga argument. Man tänker och handlar i nivå med storstadens undre värld. Man har reducerat det traditionella strävandet efter världslig makt till en futtig ärelystnad efter valresultat, till kohandel med andra pöbelpartier för att vinna materiella framgångar. Mobben bland prästerskapet, som förr hölls strängt tyglad, tager i dag med sitt proletäriska tänkande väldet över den värdefulla delen av clerus, som håller människans själ för viktigare än hennes röst vid valen och tager metafysiska frågor allvarligare än demagogiska ingrepp i det ekonomiska livet. Taktiska felgrepp såsom i Spanien, där man inbillade sig kunna skilja tronens och altarets öde, skulle i c k e hava gjorts för några årtionden sedan. Men alltsedan världskrigets slut har kyrkan — som är en gammal makt med gamla och stela traditioner och såsom sådan måste med sitt anseende bland sina egna troende dyrt betala sitt nedstigande till gatan — gått utför, framför allt i Tyskland, genom undermåliga anhängares agitation för klasskamp och gemenskap med marxismen. Det finnes i Tyskland e n k a t o l s k b o l-s j e v i s m, som är farligare än den kristendomsfientliga, emedan den gömmer sig bakom masken av en religion.

Nu är emellertid fallet det, att alla västerlandets kommunistiska system faktiskt vuxit fram ur kristet teologiskt tänkande: Morus' Utopia, dominikanern Campanellas solstat, Lutherlärjungarna Karlstadts och Thomas Münzers läror och Fichtes statssocialism. Vad Fourier, Saint-Simon, Owen, Marx och hundra andra drömde ihop och skrevo ihop i fråga om framtidsideal går, mycket emot deras vetskap och vilja, tillbaka på prästerligt moralisk harm och på skolastiska begrepp, som i all hemlighet drevo sitt spel i det nationalekonomiska tänkandet och i den allmänna meningen om samhällsfrågor. Huru mycket av Thomas' ab Aquino naturrätt och statsbegrepp sitter icke kvar hos Adam Smith och alltså — med omvänt förtecken — i det kommunistiska manifestet? Den kristna teologien är bolsjevismens mormor. Allt abstrakt grubblande på ekonomiska begrepp fjärran från all ekonomisk erfarenhet leder, om det modigt och ärligt slutföres, till förnuftsslut emot stat och egendom, och blott bristen på blick hindrar dessa materialistiska skolastiker att se, att man vid slutet av deras tankekedja står vid begynnelsen igen: den förverkligade kommunismen är a u k t o-r i t a t i v b y r å k r a t i. För att genomföra idealet behöver man diktaturen, skräckväldet, den väpnade makten, olikheten mellan herrar och slavar, befallande och lydande, korteligen Moskvasystemet. Men det finnes två slags kommunism. Den ena rättrogen, av doktrinär besatthet eller feminin sentimentalitet, som världsfrämmande och världsfientlig förkastar de lastbart lyckligas rikedom och ibland även de hederliga olyckligas fattigdom. Den slutar antingen i dimmiga utopier eller med återgång till askes, kloster, bohem och landstrykeri, där man predikar gagnlösheten i allt ekonomiskt strävande. Den andra åter, den "världsliga" realpolitiska vill genom sina anhängare antingen av avund och hat slå samhället i spillror, emedan detta på grund av personliga egenskaper och ringa gåvor anvisar dem en låg plats, eller också genom något program samla massorna bakom sig för att tillfredsställa sin maktlystnad. Men även detta syfte gömmes gärna under religionens mantel.

Även marxismen är en religion, icke enligt sin upphovsmans avsikt utan genom det, som det revolutionära följet gjort därav. Den har sina helgon, apostlar, martyrer, kyrkofäder, sin bibel och sin mission; den har dogmer, kättardomar, en ortodoxi och skolastik och framför allt en folklig moral eller snarare två — gent emot rättrogna och otrogna — liksom vilken kyrka som helst. Och att dess lära alltigenom är materialistisk — gör det någon skillnad? Äro alla präster, som agitatoriskt lägga sig i ekonomiska frågor, mindre materialistiska? Vad äro då kristna fackföreningar? Kristen bolsjevism, ingenting annat. Alltsedan början av den rationalistiska tidsåldern, alltså sedan 1750, finnes det materialism både med och utan kristen terminologi. Så snart man blandar samman begreppen fattigdom, svält, elände, arbete och lön — med den moraliska undertonen i orden rik och fattig, rätt och orätt — och i detta avseende pläderar för sociala och ekonomiska krav av proletariskt slag, alltså för penningkrav, är man materialist. Och då träder med inre nödvändighet partisekretariatet i högaltarets ställe och valkassan i offerkistans ställe, och fackföreningstjänstemannen blir den helige Franciscus' efterföljare.

Denna materialism i de sentida stora städerna är en form av det p r a k t i s k a dömandet och handlandet, "tron" må därvid vara vilken som helst. Det är sättet att se historien,

Den vita världsrevolutionen

det offentliga livet och sitt eget liv "ekonomiskt" och att med ekonomi icke förstå levnadskall och livsinnehåll, utan metoden att med ett minimum av ansträngning vinna så mycket pengar och njutning som möjligt: *panem et circenses*. De flesta veta icke med sig, huru materialistiskt de tänka och huru materialistiska de äro. Man kan bedja och bikta ivrigt och beständigt föra ordet "Gud" på tungan,[1] man kan till och med vara präst till kall och övertygelse och det oaktat materialist. Den kristna moralen är som varje moral försakelse och ingenting annat. Den, som icke känner detta, ä r materialist. "Du skall äta ditt bröd i ditt anletes svett" — det betyder att icke känna denna livets hårda mening som ett elände och att icke söka kringgå den genom partipolitik. Men för proletär valpropaganda är satsen sannerligen icke användbar. Materialisten vill hellre äta det bröd, som andra — bonden, hantverkaren, uppfinnaren, arbetsledaren — arbetat sig till i sitt anletes svett. Men i verkligheten är det berömda nålsögat, där mången kamel går igenom, icke blott för trångt för den "rike", utan även för den, som genom strejk, sabotage och val utpressar lönestegringar och arbetstidsinskränkningar, liksom också för den som leder denna verksamhet för sin makts skull. Det är slavsjälars nyttighetsmoral: slavar icke blott genom levnadsläget — det äro vi alla utan undantag genom ödet att vara födda på viss tid och plats — utan genom sitt sätt att se världen nedifrån. Om man avundas eller ringaktar rikedomen, om man erkänner den, som arbetat sig upp till ledarrang på grund av personliga företräden — t. ex. en smedlärling till uppfinnare och

---

[1] Just detta mode bland nutida talare och skriftställare visar, att det är fråga om ett slagord, ett tomt begrepp och allt annat än uttrycket för religiös förnyelse och inre upplevelse. Det finnes djupa religioner och religiösa övertygelser hos stora människor, vilka äro ateistiska, panteistiska eller polyteistiska, i Kina, Indien, antiken och i dag i Västerlandet. Det forngermanska ordet g o d var neutrum pluralis och har först av den kristna propagandan förvandlats till maskulinum singularis. Huru man försöker tyda den omgivande världens ogenomträngliga hemlighet, och om man försöker det, har alls ingenting att skaffa med den religiösa åskådningens och vandelns r a n g. Men här förväxlar man religiöst med konfessionellt, erkännandet av bestämda läror och föreskrifter, och med klerikalt, erkännandet av ett prästerskaps anspråk. I verkligheten beror en religions djup av den människas personlighet, i vilken den lever. Utan lekmannafromhet är till och med en deciderad prästreligion icke livsduglig.

fabriksägare — eller hatar honom och skulle vilja draga honom ned, därpå kommer det an. Men denna materialism, för vilken försakelse är obegriplig och löjlig, är ingenting annat än egoism, av enskilda eller klasser, en de undermåligas p a r a s i t ä r a e g o i s m, deras, som betrakta andras och hela samhällets ekonomiska liv såsom ett objekt, varur man med minsta möjliga ansträngning suger mesta möjliga levnadsnjutning, *panem et circenses*. Här betraktas personlig överlägsenhet, flit, framgång, glädje över vad man uträttat som ont, som synd och förräderi. Det är klasskampsmoralen, som sammanfattar allt detta under beteckningen kapitalism, v i l k e n b e t e c k n i n g f r å n b ö r j a n v a r m o r a l i s k t m e n a d, och som betecknar det som mål för proletärens hat, liksom den å andra sidan försöker sammansmälta löntagarna och de stora städernas undre värld till en politisk front.

Endast "arbetaren" får och skall vara egoist, icke bonden eller hantverkaren. Han ensam har rättigheter i stället för plikter. De andra hava blott plikter och ingen rättighet. Han är det privilegierade ståndet, som de andra hava att tjäna med sitt arbete. Nationernas ekonomiska liv är till för hans skull och måste organiseras endast med hänsyn till hans trevnad, vare sig det därvid går under eller icke. Detta är den världsåskådning, som f o l k r e p r e s e n t a n t e r n a ur den akademiska dräggen, från litteratören och professorn till prästen, utvecklat och genom vilken de demoraliserat samhällets undre skikt för att mobilisera dem för sitt hat och sin maktlystnad. Socialister, som i motsats till Marx tänka förnämt och konservativt, såsom monarkiens anhängare Lassalle och Georges Sorel, vilken betraktade försvaret av fosterland, familj och egendom som proletariatets förnämsta uppgift och om vilken Mussolini sagt, att han hade honom att tacka för mera än Nietzsche, äro därför för dessa folkrepresentanter obekväma, och de citeras aldrig med vad de verkligen menat.

Bland de många arterna av teoretisk socialism eller kommunism har naturenligt den simplaste och i sina yttersta syften oärligaste segrat, den som var hänsynslösast planerad på att skaffa yrkesrevolutionärerna makten över massorna.

Den vita världsrevolutionen

Om vi kalla den marxism eller icke, är likgiltigt. Vilken teori det är, som levererar de revolutionära slagorden för propagandan, eller bakom vilka icke revolutionära världsåskådningar den gömmer sig, är även likgiltigt. Det kommer blott an på det praktiska tänkandet och viljandet. Den som är simpel tänker simpelt, känner och handlar simpelt, och han blir icke annorlunda därigenom, att han drager på sig en prästrock eller svänger nationella flaggor. Envar som i dag någonstädes i världen grundar eller leder fackföreningar eller arbetarpartier,[1] kommer nästan med nödvändighet mycket snart under den marxistiska ideologien, som under det kollektiva begreppet kapitalism förtalar och förföljer varje politisk och ekonomisk ledning, samhällsordningen, auktoriteten och egendomen. Han finner genast i sitt anhang den redan till tradition vordna uppfattningen av det ekonomiska livet såsom klasskamp och blir därigenom beroende av denna uppfattning, om han vill fortfara att vara ledare. Den proletära egoismen är nu en gång i sina mål och medel den form, i vilken den "vita" världsrevolutionen sedan nära ett århundrade tillbaka fullbordas, och det gör föga till saken, om den kallar sig en social eller socialistisk rörelse och om dess ledare vilja vara kristna[2] med tonvikt på ordet eller icke.

---

[1] Den vänstra flygeln av det engelska mycket nationella arbetarpartiet och av den tyska nationalsocialismen liksom spanska anarkistklubbar och amerikanska och japanska fackföreningar, så litet de än i förekommande fall vilja höra talas om Marx.

[2] Ledaren av den katolska gruvarbetarföreningen sade den 18 januari 1925 i Essen: "De sociala tankarna drivas igenom antingen på reformens väg eller på våldets väg. Detta skall icke vara en hotelse, utan konstaterandet av ett faktum, och om en revolution kommer ännu en gång, tror jag icke, att de ledande tyska företagarnas huvud skulle räddas." De katolska fackföreningarna hava alltid med de ateistiska föreningarnas bifall begärt expropriation av gruvegendomen och storindustrien till dagens avkastningsvärde, d. v. s. utan skadestånd: detta är expropriationen av expropriatörerna i det kommunistiska manifestet. (Jfr broschyren: "Kristendom eller klasskamp?" av F. Holtermann.) Den växande misstämningen bland den värdefulla delen av clerus mot de prästerliga element, som hjälpt till att utveckla den katolska bolsjevismen och drivit den till förbundet med socialdemokratien, är så stor och har dessutom gripit så stora skikt av bondeklassen och medelklassen, att uppkomsten av en tysk nationalkyrka, sådan redan den berömde generalvikarien i biskopsstiftet i Konstanz v. Wessenberg vid tiden för Wienkongressen åsyftade, icke ligger utom möjligheternas område.

108 *Avgörande år*

De världsförbättrande teoriernas blomstringstid fyller rationalismens första, uppåtstigande århundrade från *Le contrat social* (1762) till det kommunistiska manifestet (1848). Då trodde man liksom Sokrates och sofisterna på det mänskliga förståndets allmakt och dess förmåga att hava makt över öde och instinkter och kunna ordna och leda det historiska livet. I själva det Linnéanska systemet drog människan in som *homo sapiens*. Man glömde djuret i människan, vilket 1792 ånyo eftertryckligt påminte om sin tillvaro. Man hade aldrig varit mera fjärran från skepticismen hos den äkta historiekännaren och alla tiders verkliga visa män, vilka visste, att "människan är ond från ungdomen". Man hoppades kunna organisera folken efter doktrinära program för deras slutliga lycksalighet. Läsarna trodde åtminstone därpå; huruvida författarna av sådana materialistiska utopier själva gjorde det, det är en annan fråga.

Men med 1848 är detta slut. Marx' system har blivit det verksammaste även av det skälet, att det var det sista. Den som i dag gör upp politiska eller ekonomiska program för "mänsklighetens" räddning är gammalmodig och tråkig. Han börjar bliva löjlig. Men den agitatoriska verkan, sådana teorier öva på dumbommar — dem skattade Lenin till 95 procent av alla människor — är ännu alltjämt stark (i England och Amerika är den till och med i tilltagande) med undantag av i Moskva, där man blott för politiska ändamål föregiver sig tro på den.

Den klassiska nationalekonomien av 1770 och den lika gamla materialistiska, d. v. s. "ekonomiska", historieuppfattningen, vilka båda hänföra årtusendens öde till begreppen marknad, pris och vara, höra i grund och botten dit. De äro nära besläktade och i många avseenden identiska och leda med nödvändighet till drömmar om ett tredje rike, som det adertonde århundradets tro på framåtskridandet på sätt och vis strävat efter som historiens avslutning. Det var den materialistiska travesteringen av stora gotiska kristnas, såsom Joakim av Floris, tanke om det tredje riket. Det skulle nu grunda den slutliga saligheten på jorden, ett schlaraffenland för alla fattiga och elända, vilka man med stigande eftertryck identifierade med "arbetaren". Det skulle föra med sig slutet på alla bekymmer, det "ljuva göra intet" för alla, den eviga freden; och klasskampen med avskaffandet av egendomen, "brytandet av ränteslaveriet", statssocialismen och förintandet av alla herrar och rika skulle bana vägen för det. Det var den segrande k l a s s e g o i s m e n, betecknad som "mänsklighetens väl" och moraliskt höjd till himmelen.

Klasskampens ideal kommer först till synes i den berömda propagandaskriften av abbé Sieyès — åter en katolsk präst — av 1789 om *Le tiers état,* som skulle nivellera de båda högre stånden. Det utvecklar sig från denna förrevolutionära liberala avfattning konsekvent till den bolsjevistiska sena formen av 1848, som förlägger kampen från det politiska till det ekonomiska området, i c k e f ö r e k o n o m i e n s s k u l l, u t a n f ö r a t t g e n o m d e s s f ö r s t ö r a n d e n å d e t p o l i t i s k a m å l e t. Om "borgerliga" ideologer häri finna en skillnad mellan idealism och materialism, så se de icke över slagordens förgrund till de yttersta målen i bakgrunden, vilka här som där äro alldeles desamma. A l l a klasskampsteorier hava uppgjorts för mobiliseringen av storstadens massor. Först skulle den "klass" skapas, med vilken man kunde kämpa. 1848, då man hade de första erfarenheterna om revolutioner bakom sig, betecknades målet som proletariatets diktatur men hade väl kunnat kallas bourgeoisiens diktatur, ty liberalismen ville icke vara något annat. Detta är den yttersta meningen med konstitutionerna, republikerna, parlamentarismen. Men i verkligheten m e n a d e s alltid demagogernas diktatur, demagogerna, som dels av hämnd förinta nationerna med hjälp av den planmässigt demoraliserade massan dels av maktlystnad vilja se dem som slavar under sig.

Varje ideal stammar från någon, som behöver det. Den liberala liksom den bolsjevistiska klasskampens ideal är en skapelse av personer, som antingen utan framgång strävat till ett högre samhällsskikt eller som befunnit sig i ett samhällsskikt, vars etiska krav de icke voro vuxna. Marx är en misslyckad borgare — därav hans hat mot borgardömet. Och det samma gäller om alla de andra, jurister, litteratörer, professorer och präster: de hade valt ett yrke, för vilket de icke hade kallelse. Detta är den andliga förutsättningen för yrkes r e v o l u t i o n ä r e r.

Klasskampens ideal är den berömda o m s t ö r t n i n g e n: icke uppbyggandet av något nytt, utan förstörandet av något förhandenvarande. Det är ett mål utan framtid. Det är viljan till intigheten. De utopiska programmen äro till blott för att andligen besticka massorna. Allvarligt menat är uteslutande bestickningens ändamål, skapandet av klassen såsom kamptrupp genom planmässig demoralisation. Ingenting smider bättre samman än hatet. Men man skulle här hellre tala om klassavund än klasshat. I hatet ligger ett tyst erkännande av motparten. Avunden ser snett på något högre, som förblir oförstått och oupphinneligt och som man därför skulle vilja draga ned, göra till sin like, smutsa och förakta. Till den proletära framtidens önskemål hör därför icke blott flertalets[1] lycka, som består i förnöjsamt dagdrivarliv — än en gång: *panem et circenses* — och den eviga freden för att njuta därav fri från allt bekymmer och ansvar, utan med äkta revolutionär smak framför allt m i n d r e t a l e t s, de förr mäktigas, klokas, förnämas och rikas, o l y c k a, av vars anblick man fägnas.[2] Varje revolution bevisar det. Att lakejerna från i går fråssa vid sin förre herres bord, är blott halv njutning: herrn måste passa upp dem vid bordet.

Klasskampens objekt, som 1789 var "tyrannerna" — kungarna, junkrarna och prästerna — blev omkring 1850, med den politiska kampens förläggning till det ekonomiska området, "k a p i t a l i s m e n". Det är hopplöst att försöka definiera detta slagord — ty ett sådant är det. Det

---

[1] Den liberala formeln *the greatest happiness of the greatest number* stammar från det adertonde århundradets engelska materialister, bland vilka funnos troende teologer såsom Paley och Butler. Den har konsekvent utvecklats vidare till den bolsjevistiska formeln om den proletära massans välde. Om människornas medfödda rangskillnad är icke mera tal. Det kommer endast an på kvantiteten — av lyckan liksom av de lyckliga — icke på kvaliteter.

[2] Även detta är ett ideal för kristen teologi, som till paradisets fröjder räknar, att man får åse de fördömdas marter: *"Beati in regno coelesti videbunt poenas damnatorum, ut beatitudo illis magis complaceat"* (Thomas ab Aquino).

stammar alls icke från ekonomisk erfarenhet, utan är m o- r a l i s k t menat, för att icke säga halvt kristligt. Det skall beteckna inbegreppet av det ekonomiskt onda, överlägsenhetens stora synd, djävulen, som förklätt sig i ekonomiska framgångar. Det har till och med i vissa borgerliga kretsar blivit ett skymford för alla, som man icke kan tåla, för allt, som har rang, den framgångsrike företagaren och köpmannen lika väl som domaren, officeren och den lärde, ja, till och med bönderna. D e t b e t e c k n a r a l l t, s o m i c k e ä r "a r b e t a r e" o c h a r b e t a r l e d a r e, alla, som icke råkat illa ut på grund av ringa gåvor. Det är i alla missbelåtnas, all andlig pöbels ögon sammanfattningen av alla starka och sunda.

"Kapitalismen" är över huvud taget ingen ekonomiform eller "borgerlig" metod att göra pengar. Den är ett sätt att s e saker och ting. Det finns nationalekonomer, som funnit den på Karl den stores tid och i urtidens byar. Nationalekonomien efter 1770 betraktar det ekonomiska livet, som i verkligheten är en s i d a av folkens historiska tillvaro, endast f r å n d e n e n g e l s k e k ö p m a n n e n s s t å n d p u n k t.[1] Den engelska nationen var då verkligen på väg att göra världshandeln till sitt monopol. Därav dess rykte som krämarfolk, som massa av *shopkeepers*. Men köpmannen är blott förmedlare. Han f ö r u t s ä t t e r ett renodlat ekonomiskt liv, i det han söker göra sin verksamhet till den tyngdpunkt, varav alla andra människor som producenter och konsumenter äro beroende. D e n n a m a k t s t ä l l n i n g är det, som Adam Smith beskrivit. Detta är hans "vetenskap". Därför utgår nationalekonomien ännu i dag från begreppet p r i s och ser blott varor och marknader i stället för ekonomiskt l i v och verksamma m ä n n i s k o r. Därför betraktas från och med nu, framför allt av den socialistiska teorien, a r b e t e t s o m v a r a o c h l ö n e n s o m p r i s. I detta system har varken företagarens och uppfinnarens ledar a r b e t e eller bondea r b e t e t någon plats. Man ser blott fabriksvaror och havre eller svin. Det dröjer icke länge, innan man alldeles glömt

---

[1] Ännu Sombart (Den moderna kapitalismen, 1919) betecknar meningen med all ekonomi som o m s ä t t n i n g s ekonomisk organisation.

bort bonden och hantverkaren och som Marx vid människornas fördelande i klasser blott tänker på lönearbetaren och — de andra, exploatörerna.

Så uppstår den artificiella tudelning av mänskligheten i producenter och konsumenter[1], som under klasskampsteoretikernas händer förvandlats till den perfida motsatsen mellan kapitalister och proletärer, bourgeoisi och arbetarklass, utsugare och utsugna. Men köpmannen, den egentlige "kapitalisten", har man förtigit. Fabriksägaren och lantbrukaren äro den s y n l i g a fienden, emedan de taga emot lönarbetet och betala ut lönen. Det är meningslöst, men verksamt. En teoris dumhet har aldrig varit ett hinder för dess verkan. Hos upphovsmannen till ett system gäller det kritik, hos den troende alltid motsatsen.

"Kapitalism" och "socialism" äro lika gamla, innerst besläktade, framgångna ur samma betraktelsesätt och belastade med samma tendenser. S o c i a l i s m e n   ä r   i n g e n t i n g   a n n a t   ä n   u n d e r k l a s s e n s   k a p i t a l i s m.[2] Cobdens Manchesterlära och Marx' kommunistiska system hava b å d a uppkommit omkring 1840 och i England. Marx har till och med hälsat frihandelskapitalismen välkommen.[3]

"Kapitalismen nedifrån" vill sälja varan lönarbete så dyrt som möjligt utan hänsyn till avnämarens köpkraft och leverera så litet som möjligt. Därav socialistiska partiers hat mot kvalitets- och ackordsarbetet och deras strävan att så mycket som möjligt undanrödja den "aristokratiska" lön-

---

[1] Sombart säger: "Kapitalismen är en samfärdsekonomisk organisation, vid vilken regelbundet två olika befolkningsgrupper, förenade genom marknaden, samverka: innehavarna av produktionsmedlen, som samtidigt hava ledningen, äro ekonomiska subjekt, och egendomslösa 'blott arbetare' såsom ekonomiens objekt." Men detta är, fastän det är liberalt, redan halvt marxistiskt tänkt. Det passar varken in på bonden eller hantverkaren.
[2] Vad jag beskrivit i "Preussentum und Sozialismus" och vilket nästan alltid missförståtts, var socialismen som e t i s k   h å l l n i n g, icke som materialistisk ekonomiprincip.
[3] Han sade 1847: "Nu för tiden är skyddstullssystemet i allmänhet konservativt, medan frihandelssystemet verkar förstörande. Det sönderdelar de tidigare nationaliteterna och driver motsatsen mellan proletariat och bourgeoisi till sin spets. Med ett ord, handelsfrihetens system påskyndar den sociala revolutionen. Och blott i denna revolutionära mening röstar jag för frihandel." (Tillägg till "Filosofiens elände".)

differensen mellan yrkeskunniga och oövade arbetare. Den vill driva priset på kroppsarbetet i höjden genom strejken — den första generalstrejken ägde rum i England 1841[1] — och slutligen genom expropriation av fabriker och bergverk låtit det fritt bestämmas av arbetarledarnas byråkrati, som då behärskar staten. Ty detta är den hemliga meningen med förstatligandet. "Kapitalismen nedifrån" betecknar de begåvades och överlägsnas genom arbete förvärvade egendom som stöld för att kunna tillägna sig den utan arbete genom det stora antalet nävar. Så uppstår teorien om klasskampen, som var ekonomisk till sin gestalt men politisk till sin mening — det förra beräknat på arbetarnas stämning, det senare på deras ledares fördel. Den var ett ändamål utan egen varaktighet. Låga andar kunna icke blicka över morgondagen in i fjärran tider och handla för dessa tider. Klasskampen skulle medföra förstörelse och ingenting annat. Den skulle röja undan traditionens makter, såväl den politiska som den ekonomiska traditionens makter, för att giva den undre världens makter den efterlängtade hämnden och herraväldet. Vad som kommer på andra sidan segern, när klasskampen för länge sedan är något förflutet, därpå hava dessa kretsar aldrig offrat en tanke.

Sålunda börjar från omkring 1840 ett förintande angrepp på de vita folkens verkliga, oändligt invecklade ekonomiska liv från t v å h å l l: penninghandlarnas och spekulanternas gille, s t o r f i n a n s e n, genomsyrar det med hjälp av aktien, krediten, bolagsstyrelserna och bringar företagarklassens ledararbete — denna klass, i vilken finnes ganska många forna kroppsarbetare, som arbetat sig upp genom flit och geni — beroende av sina egna syften och intressen. Den egentlige ledaren sjunker ned till finansmannens slav. Han arbetar på förkovrandet av en fabrik, medan den i samma ögonblick kanske ruineras genom en börsspekulation, varom han ingenting vet. Och nedifrån förstör a r b e t a r l e d a r-

---

[1] Att den marxistiska strejken emellertid icke har ett ekonomiskt, utan ett politiskt mål, blir för de flesta tydligt först vid upplevandet av en generalstrejk. Tyska socialister hava ofta nog sagt, att icke de vunna, utan de f ö r l o r a d e strejkerna vore av intresse för partiet! De underblåsa hatet och smida "klassen" fastare samman.

8. — *Avgörande år.*

n a s f a c k f ö r e n i n g långsamt och säkert den ekonomiska organismen. Den enas teoretiska vapen är den lärda "liberala" nationalekonomien, som formar den allmänna meningen om ekonomiska frågor och rådande och bestämmande blandar sig i lagstiftningen, den andras teoretiska vapen är det kommunistiska manifestet, med vars grundsatser vänstern i alla parlament likaledes ingriper i lagstiftningen. Och b å d a representera "internationalens" princip, som är rent nihilistisk och negativ: den riktar sig mot de historiska, avgränsade formerna — varje form, varje gestalt ä r begränsning — av nationen, staten, de n a t i o n e l l a ekonomierna, vilkas s u m m a "världsekonomien" är. De äro i vägen för storfinansens liksom för yrkesrevolutionärernas syften. Därför förnekas de och skola förintas.
Men b å d a slagens teori är i dag föråldrad. Vad som kunde sägas, har sagts för länge sedan, och båda hava efter 1918 genom sina förutsägelser — i riktning åt Newyork eller Moskva — blottat sig så, att man nu blott citerar dem utan att tro på dem. Världsrevolutionen har börjat i deras skugga. Den har kanske i dag nått sin kulmen, men är ännu icke på långt när slut; den antager emellertid former, som icke kunna teoretiskt diskuteras.

15.

Och nu är det äntligen möjligt att teckna världsrevolutionens i dag u p p n å d d a "resultat". Ty revolutionen står vid målet. Den hotar icke mer; den triumferar, d e n h a r s e g r a t. Och om dess anhängare bestrida detta, inför andra eller i fullkomlig bestörtning inför sitt eget samvete, så upprepas däri blott den eviga skickelse i mänsklighetens historia, som med grym klarhet låter kämpen vid målet se, att allt blev helt annorlunda än han hoppades och att det mestadels icke var värt mödan.
Detta resultat är ohyggligt. För alla "vita" folk är det så fruktansvärt, att ingen ser eller vågar se allt vad därtill hör, att varken upphovsmännen våga bekänna sig till det eller de i borgardömet bevarade resterna av det gamla sam-

hållet våga beteckna de förra som upphovsmän. Vägen från liberalismen till bolsjevismen hade fullbordats i kampen mot de politiska makterna. I dag äro de förstörda, sönderfrätta, sönderfallna. Det har återigen visat sig, som i Rom på Gracchernas tid, att allt vad de få stora, starka rovdjuren, statsmännen och erövrarna, under århundraden skapat, på kort tid kan gnagas sönder av de många små, den mänskliga ohyran. Statens gamla ärevördiga former ligga i ruiner. De hava ersatts med den formlösa parlamentarismen, en ruinhög av gammal auktoritet, regeringskonst och statsmannavishet, på vilken partierna, horder av yrkespolitiker, slåss om bytet. Den ärvda högheten ersättes genom val, som alltjämt föra nya skaror av undermåliga till ledningen.

Och bland dessa partier är det överallt arbetarpartierna och deras fackföreningar, som söka vinna politiska ändamål med ekonomiska medel och ekonomiska ändamål med politiska medel, vilka efter ledarmaterialets sammansättning och med sina program och agitationsmetoder blivit tongivande för alla andra. De fria a l l a till storstadens massa och piska fram den med s a m m a meningslösa förhoppningar och förbittrande anklagelser. Knappt något av dem vågar säga ut, att det vill representera a n d r a delar av nationen än "arbetaren". De behandla honom nästan undantagslöst som privilegierat stånd, antingen av feghet eller i hopp att vinna framgångar vid val. I alla länder har man lyckats att demoralisera honom, göra honom till den anspråksfullaste, missnöjdaste och därför olyckligaste av varelser, att hopsmälta honom med gatans pöbel till en själslig enhet, en "klass", och i honom uppamma proletärens själstyp, som genom sin blotta tillvaro garanterar revolutionens framgång, som föraktar flit och arbetsamhet som förräderi mot "saken" och vars högsta ärelystnad är att bliva revolutionens massledare och bärare.

Det gör ingen skillnad, om dessa klasskampsfronter erhållit gestalten av byråkratiska partier eller fackföreningar, såsom de marxistiska, katolska och nationella i Tyskland och liknande i England, eller om de hava den romanska formen av anarkist- och socialistklubbar som i Barcelona och Chicago, eller om de, som förr i Ryssland och nu i Amerika, äro till finnandes som underjordiska rörelser för att först i handlingens ögonblick sluta sig samman i synlig måtto: de bestå alla av härskande grupper av yrkesdemagoger och ett viljelöst lett följe, som har att tjäna det knappt förstådda slutliga målet och offra sig för det. Regeringarna hava för länge sedan blivit deras exekutiva organ, antingen därför, att massans ledare själva äga den politiska makten, eller därför, att motståndarna, som befinna sig i arbetarideologiens hypnos, sakna mod att tänka och handla själva. De regera även ekonomien, och det göra de med politiska medel för politiskt ändamål. Och detta ändamål hava de aldrig förlorat ur sikte: det var klasskampen mot det ekonomiska livets organiska makter och former, vilka man kallade "kapitalism". Det yttersta målet var dessa formers f ö r i n t a n d e, a l l t s e d a n 1 8 4 8, o c h d e t ä r n u ä n t l i g e n u p p n å t t. D e n s e d a n n ä r a e t t å r h u n d r a d e m e d e x t a s f ö r u t s a g d a e k o n o m i s k a k a t a s t r o f e n ä r n u h ä r. D e n v ä r l d s e k o n o m i s k a k r i s e n i d e s s a o c h ä n n u m å n g a k o m m a n d e å r ä r i c k e, s o m h e l a v ä r l d e n m e n a r, e n ö v e r g å e n d e f ö l j d a v k r i g, r e v o l u t i o n, i n f l a t i o n o c h b e t a l n i n g a v s k u l d e r. D e n h a r v a r i t a v s e d d. D e n ä r i a l l a v ä s e n t l i g a d r a g r e s u l t a t e t a v e t t m å l m e d v e t e t a r b e t e a v p r o l e t a r i a t e t s l e d a r e. Dess rötter ligga mycket djupare än man tänker. Dess verkningar kunna endast övervinnas i långa och hårda strider mot allt, som i dag är folkligt, ja, kunna till stor del alls icke övervinnas. Förutsättningen härför är nämligen mod att se vad som försiggår, och jag fruktar, att mycket sådant icke är till finnandes. Icke i någon tid har fegheten inför den allmänna meningen i parlament och partier hos talare och skriftställare i hela världen varit större än nu. De ligga alla på knä för "folket", massan, proletariatet eller vad de annars kalla detta, som blint och omisstänksamt tjänat världsrevolutionens ledare som vapen. Förebråelsen att vara "arbetarfiende" kommer i dag varje politiker att blekna.

Men vem är det då, som egentligen vunnit världskriget?

Den vita världsrevolutionen

Säkerligen ingen stat, varken Frankrike eller England eller Amerika. Icke heller den vita arbetarmassan. Den har till stor del fått betala det, först med sitt blod på slagfälten, sedan med sin levnadsstandard under den ekonomiska krisen. Den blev sina ledares förnämsta offer. Den ruinerades för deras mål. A r b e t a r l e d a r e n   h a r   v u n n i t   k r i g e t. Vad man i alla länder kallar arbetarparti och fackförening, i verkligheten p a r t i l e d a r n a s   f a c k f ö r e n i n g,   r e v o l u t i o n e n s   b y r å k r a t i har erövrat herraväldet och regerar i dag den västerländska civilisationen. Denna har drivit "proletariatet" från strejk till strejk, från gatukamp till gatukamp och har till och med skridit från det ena parlamentsbeslutet till det andra genom egen makt eller i följd av det besegrade borgardömets ängslan. Alla världens regeringar ha efter 1916 i hastigt stigande grad kommit i beroende av dem och måste utföra deras befallningar, om de icke ville bliva störtade. De måste tillåta eller själva genomföra de brutala ingrepp i det ekonomiska livets struktur och mening, vilka samtliga skedde till förmån för lägsta rangens arbete, det rent mekaniska slaget av kroppsarbete, i form av omåttliga höjningar av lönerna och förkortningar av arbetstiden, förödande skattelagar mot ledararbetets avkastning, mot gammal familjeegendom, mot industrien och mot bondeklassen. S a m h ä l l e t s   u t p l u n d r i n g   g e n o m f ö r d e s.   D e t   v a r   s o l d e n   å t   l e g o s o l d a t e r n a   i   k l a s s k a m p e n. Den naturliga tyngdpunkten i den ekonomiska samhällskroppen, experternas ekonomiska t ä n k a n d e, ersattes av ett artificiellt, osakligt, partipolitiskt tänkande. Jämvikten gick förlorad, och byggnaden rasade. Men detta har sedan årtionden varit det öppet uttalade målet för den västerländska bolsjevismen; den ekonomiska katastrofen innebar alltså e n   t a k t i s k   f r a m g å n g, hur föga arbetarmassan än anat eller önskat detta. Den allt sedan 1848 på förhand skildrade, av Bebel med entusiasm prisade omstörtningen av "kapitalismen", den "y t t e r s t a   d o m e n" ö v e r   b o u r g e o i s i e n skulle av sig själv få till följd den efterlängtade diktaturen för proletariatet, d. v. s. för dess skapare och ledare.

Men blev detta icke verkligen fallet? Jag bortser nu alldeles från Moskva; men var fackföreningsrepubliken i Tyskland något annat? Är icke i de nationella arbetarpartierna i Tyskland, England och till och med Italien den ekonomiska, byråkratiskt administrerade socialismen det härskande idealet? Ligga icke de skapande ekonomiska begåvningarna, bärarna av det privata ekonomiska strävandet, på världsekonomiens ruiner såsom offer för denna diktatur? Den e k o n o m i s k e l e d a r e n, e x p e r t e n på det e k o n o m i s k a l i v e t, har blivit utträngd av p a r t i-l e d a r e n, som icke förstår någonting om ekonomi, men så mycket mera om demagogisk propaganda. Han härskar som byråkrat i den ekonomiska l a g s t i f t n i n g, som ersatt den ekonomiskt tänkandes fria beslut, som ledare av otaliga kommittéer, skiljedomstolar, konferenser, ministeriella byråer och vad formerna för hans diktatur eljest kunna heta, till och med i den fascistiska korporationsregeringen. Han vill ekonomisk statssocialism, avskaffande av privatinitiativ, planhushållning, vilket allt i grund och botten är ett och samma, nämligen kommunism. Även om med företagaren även arbetaren blir offret, har den, som är "arbetarledare" till yrket, i alla fall antingen den efterlängtade makten i sin hand och kan genomföra den undre världens hämnd på de människor, vilka genom sitt födelseöde, som förlänat dem naturliga företräden och överlägsenhet, varit kallade att se, att leda saker och ting o v a n i f r å n.

Jag vet väl, att de flesta komma att med fasa vägra att erkänna, att detta sammanbrott av allt vad århundraden byggt upp — som aldrig kan göras gott igen — varit avsett och kommit som ett resultat av målmedvetet arbete. Men det är så och det kan bevisas. Detta arbete begynner, så snart yrkesrevolutionärerna av Marx' generation kommit under fund med att den vid kolet bundna industrien i Västeuropa blivit den viktigaste delen av det ekonomiska livet. De kolossalt växande nationernas blotta tillvaro berodde på denna industris blomstring. I England var detta redan fallet; för Tyskland hoppades man därpå. Och dessa doktrinärer, som sågo världen genom schemat bourgeoisi och proletariat, förutsatte som självklart, att det måste bliva så över-

Den vita världsrevolutionen 119

allt. Men huru stod det till i Spanien och Italien, där det icke fanns kol, och i Frankrike, för att icke tala om Ryssland?[1] Det är förvånande, huru trång horisonten var och förblev för dessa klasskampens teoretiker, och huru litet detta hittills observerats. Hava de någonsin tagit Afrika, Asien och det latinska Amerika med i sin ekonomiska kritik och sina förutsägelser? Hava de offrat en enda tanke på de färgade arbetarna i de tropiska kolonierna? Visste de med sig, varför detta uteblev och m å s t e utebliva? De talade om "mänsklighetens" framtid, men i stället för att omfatta hela planeten med sin blick stirrade de på ett par länder i Europa, vilkas stat och samhälle de ville förstöra.

Men här sågo de, att detta kunde uppnås, om de förintade industriens livsduglighet; och så började det planmässiga arbetet härpå med att man sökte göra dess organiserade arbete omöjligt. Detta skedde därigenom, att man först och främst i motsats till företagarnas, uppfinnarnas och ingenjörernas ledararbete[2] våldsamt förkortade den dagliga arbetstiden för lönarbetarna i fabrikerna och till en början b l o t t i dem.

Denna utgjorde ännu under sjuttonhundratalet, i överensstämmelse med nordiska bönders och hantverkares allmänna arbetsvana, mer än tolv timmar, utan att vara lagligen fastställd. I början av adertonhundratalet inskränktes den i England till tolv timmar och nedsattes omkring 1850 ytterligare genom den även av arbetare förbittrat bekämpade tiotim-

---
[1] I företalet till andra ryska upplagan av det kommunistiska manifestet (1882) uppställa Marx och Engels en evolutionsteori, som fullkomligt strider mot teorien i "Kapitalet". Där skall vägen till den slutliga kommunismen, i stället för att leda över det absoluta bourgeoisväldet, direkt leda över böndernas föregivna samegendom "miren". Här fanns varken bourgeoisi eller proletariat i västeuropeisk mening — därför formade de båda demagogerna sin "övertygelse" efter den massa, som de ville mobilisera mot tsar Peters stat. Men "arbetarledarna" i Moskva följde den västliga "sanningen" och upptogo kampen mot bonden till förmån för en arbetarmassa, som knappt var till finnandes.

[2] Detta a n d l i g a arbete kan över huvud icke begränsas efter timtalet. Det förföljer och tyranniserar sina offer under arbetsrasten, på resor och under sömnlösa nätter; det omöjliggör en verklig frihet från tänkande, en av- och frånspänning och förbrukar just de överlägsna exemplaren i förtid. Ingen lönarbetare går under av överansträngning eller vansinne. Men h ä r händer det i otaliga fall: detta sagt till belysning av den demagogiska bilden av den fråssande och late "borgaren".

marsbillen. Sedan denna bill definitivt tryggats, firades den i revolutionära kretsar som arbetarklassens seger och — med rätta — som en "strypning av industrien". Man trodde sig därmed hava tillfogat denna ett dråpslag. Från den tiden företogo sig fackföreningarna i alla länder med stigande eftertryck att ytterligare förkorta den och utsträcka den till a l l a löntagare. Mot slutet av århundradet utgjorde den nio, vid världskrigets slut åtta timmar. I dag, då vi närma oss mitten av det tjugonde århundradet, står fyrtiotimmarsveckan som det revolutionära minimikravet. Då samtidigt förbudet mot söndagsarbete allt strängare genomföres, levererar den enskilde av sin "vara arbete" nu blott hälften av den ursprungliga, möjliga och n a t u r l i g a kvantiteten. Och så har "arbetaren", som enligt den marxistiska religionens lära är den e n d e, som arbetar, till stor del mot sin vilja blivit den, s o m a r b e t a r m i n s t. Vilket yrke bär sig annars med så ringa prestation?

Det var strejkens kampmedel i en beslöjad, långsamt verkande form. Men det fick en mening först genom det faktum, att p r i s e t f ö r denna "vara", veckolönen, icke blott icke minskades, utan varaktigt uppdrevs. Nu är "värdet", den v e r k l i g a avkastningen, av det manuella arbetet ingen självständig storhet. Det är avhängigt av industriarbetet som ett organiskt helt, vari den tanke, som skall utföras, ledararbetet — produktionsprocessens ledning och reglering, tillförseln av råmaterial, avsättningen av produkterna, genomtänkandet av kostnader och avkastning, anläggningar och inrättningar och nya möjligheter — är mycket viktigare. Avkastningen av det hela beror på h u v u d e n a s rang och prestation, icke på händerna. Blir det ingen avkastning, är produkten osäljbar, så har det utförda arbetet varit värdelöst och kan egentligen icke motivera någon betalning över huvud taget. Så är det hos bonden och hantverkaren. Men genom fackföreningarnas verksamhet har industriarbetarens timlön uttagits ur organismens enhet. D e n bestämmes av partiledaren, uträknas icke av företagsledaren, och om den icke beviljas eller kan beviljas av denne, uttvingas den genom strejk,

Den vita världsrevolutionen 121

sabotage och påtryckning på de parlamentariska regeringarna. Den har på de senaste hundra åren, mätt efter bondens och hantverkarens arbete, mångfaldigt stegrats. Var och en, som är ekonomiskt verksam, är för sin vinst beroende av det ekonomiska l ä g e t, men icke så lönarbetaren. Han har krav på den o o r g a n i s k t fastställda och p a r t i p o l i t i s k t erövrade lönehöjden, även om den uppehålles endast genom anläggningarnas förfall, genom utebliven avkastning av det hela, genom bortslumpande av produkterna — tills verken gå under. Och då går en känsla av skadeglad triumf genom "arbetarledarnas" rader. De hava åter vunnit en seger på vägen till "slutmålet".

I dag, då klasskampsteoriens uppkomst ligger nästan ett århundrade tillbaka i tiden och ingen längre tror på den, är det tvivelaktigt, om dessa ledare ännu äro medvetna om det ändamål, för vars skull detta förstörelsearbete en gång fordrats och begynts. Men det är bland dem en tradition och metod, som nu redan blivit gammal, enligt vilken de oupphörligen måste verka för minskning av arbetet och stegring av lönen. Det är beviset på deras duglighet inför partiet. Och om den ursprungliga dogmatiska meningen är glömd och den rättrognes goda samvete fattas, så finnes dock e f f e k t e n, som de nu hänföra till andra "orsaker" — ett nytt agitationsmedel, fastställandet av en ny skuld till arbetarklassen, som de påbörda kapitalismen.

Förr hade läran om "mervärdet" haft makt över massans outvecklade tänkande: h e l a avkastningen av den industriella produktionen var lika med värdet av kroppsarbetet och måste fördelas på detta. Vad företagsledaren drog av därifrån, för underhåll av verken, betalning av råämnena, arvoden, räntor, d. v. s. "mervärdet", var s t ö l d. Ledare, uppfinnare, ingenjörer arbetade över huvud icke, och i varje fall ägde det andliga arbetet, som blott var ett slags "intetgöra", intet högre värde. Det var samma "demokratiska" tendens, som missaktade och sökte förinta allt slags kvalitet och endast lät kvantiteten gälla även vid själva kroppsarbetet: den "aristokratiska" skillnaden mellan övade och oövade arbetare skulle vara upphävd. De skulle erhålla samma lön. Ackordsarbete och högre prestationer brännmärktes som för-

Avgörande år

räderi mot "saken". Även detta har drivits igenom, i Tyskland alltsedan 1918. Det gjorde slut på konkurrensen mellan arbetarna, kvävde den större duglighetens ärelystnad och minskade därigenom återigen den totala prestationen. Att allt detta var nihilism, förstörelsevilja, visar dagens praxis i Moskva, där tillståndet av 1840 återställdes i varje avseende, så snart man var "vid målet": lång arbetstid, låga löner, den största spännvidd i världen — till och med större än i Amerika — mellan betalningen för kunnigt och okunnigt arbete och import av främmande ingenjörer i stället för landets egna, som man hade slaktat ned, emedan de enligt det kommunistiska manifestets lära blott exploaterade arbetaren utan att prestera något, och vilkas värde man begrep först efteråt.

Den meningen, att arbetaren tillkommer "fulla värdet" av hans arbete, vilket sattes lika med företagets totalavkastning — en rest av teori alltså — förblev gällande till århundradets slut. Därmed var åtminstone en naturlig gräns för lönekraven erkänd. Men vid sidan därom och därutöver utvecklade sig, ungefär sedan 1870-talet, den alldeles oteoretiska metoden av löneutpressning genom arbetarorganisationernas p o l i t i s k a tryck. Här var icke mera tal om gränser, som det ekonomiska livet satte för denna utplundring till förmån för en viss klass, utan blott om gränserna för den politiska, parlamentariska, revolutionära m a k t e n. I nästan alla "vita" länder fanns vid sekelskiftet, tydligast i Tyskland sedan 1918, vid sidan om den författningsenliga regeringen, en olaglig, men mäktig sidoregering av fackföreningarna av alla slag, till vars viktigaste uppgifter hörde att göda sina valmän med löner och att köpa rätten därtill av de "borgerliga" makterna genom att giva dem tillstånd att regera. "Arbetarklassens stämning", som sköttes av partiledarna, hade blivit utslagsgivande för allt vad de parlamentariska regeringarna vågade besluta sig för. S å u p p s t o d o d e p o l i t i s k a l ö n e r n a, f ö r v i l k a i c k e m e r a f u n n o s n å g r a n a t u r l i g a, e k o n om i s k a g r ä n s e r. Tarifflönerna, som staten var pliktig att skydda, fastställdes av partiet och beräknades icke av ekonomien, och fackföreningarnas tariffhöghet blev en rätt, som intet borgerligt parti eller regering vågade antasta eller draga i tvivelsmål. Den politiska lönen gick mycket snart över "arbetets fulla värde". Den har mer än konkurrens och överproduktion pressat de "vita" ländernas produktion av nödvärn och självbevarelsedrift in i en utveckling, vars resultat i dag ligger inför våra ögon i världsekonomiens katastrof. L ö n e b o l s j e v i s m e n, som arbetade med strejk, sabotage, val, regeringskriser, tappade så mycket blod ur nationernas — icke blott Tysklands — ekonomiska liv, att det måste i febrilt tempo försöka att på varje tänkbart sätt ersätta dessa förluster.

Man måste veta vad som hör till den politiska lönens begrepp för att mäta trycket av denna lönediktatur på folkens hela ekonomiska liv. Den går vida utöver penningbetalningen och omfattar omsorgen om "arbetarens" hela tillvaro, en omsorg, som tagits ifrån honom och lagts på "de andra". "Arbetaren" har blivit samhällets, nationens pensionär. Varje människa bör, liksom varje djur, värja sig mot det oberäkneliga ödet eller bära det. Envar har skyldighet att sörja för sin person, det fulla ansvaret för sig själv, nödvändigheten att g e n o m e g e t b e s l u t i alla faror svara för sig och sina mål. Ingen tänker på att på andras bekostnad fritaga bonden från följderna av missväxt, kreaturssjukdomar, brand och avsättningssvårigheter eller hantverkare, läkare, ingenjörer, köpmän och lärda från farorna av ekonomisk ruin och oduglighet för yrket i följd av bristande lämplighet, sjukdom eller olycksfall. Envar får själv och på egen bekostnad se till, huru han kan reda sig, eller också får han bära följderna och tigga eller efter behag gå under på annat sätt. Sådant är livet. Sjukan att vilja vara försäkrad — mot ålderdom, olycka, sjukdom, arbetslöshet, alltså mot ödet i varje tänkbar företeelseform, ett tecken på sjunkande livskraft — har från Tyskland innästlat sig i alla vita folks tänkande. Den, som råkar i olycka, skriker på hjälp av andra, utan att vilja hjälpa sig själv. Men det finnes en skillnad, som betecknar det marxistiska tänkandets seger över d e u r s p r u n g l i g t g e r m a n s k a, i n d i v id u a l i s t i s k a instinkterna, ansvarsglädje, personlig kamp mot ödet, *"amor fati"*. Envar söker annars efter eget beslut

124 *Avgörande år*

och genom egen kraft undgå eller mota det oförutsedda, endast "arbetaren" besparas även detta beslut. Han ensam kan lita på att andra tänka och handla för honom. Den degenererande verkan av denna frihet från den s t o r a omsorgen, som man observerar på mycket rika familjers barn,[1] har gripit hela arbetarklassen just i Tyskland: så snart någon nöd visar sig, ropar man på hjälp av staten, samhället, "de andra". Man har glömt bort att själv fatta beslut och leva under trycket av verkliga sorger.

Men detta betyder en ytterligare belastning av det högre arbetet till förmån för det lägre. Ty även denna del av den politiska lönen, allt slags försäkring mot ödet, byggandet av arbetarbostäder — det faller ingen in att begära detsamma för bönderna — anläggandet av lekplatser, vilohem, bibliotek, omsorgen om förmånliga pris på livsmedel, järnvägsresor, nöjen betalas direkt eller genom skatt av "de andra" för arbetarklassen. J u s t d e t t a ä r e n m y c k e t v ä s e n t l i g d e l a v d e n p o l i t i s k a l ö n e n, som man icke brukar tänka på. Men nationalrikedomen, på vars i siffror angivna höjd man litar, ä r e n n a t i o n a l e k o n o m i s k f i k t i o n. Den uträknas — såsom "kapital" — ur avkastningen av de ekonomiska företagen eller ur aktiekursen, som beror på förräntningen, och den sjunker med dessa, då värdet av de arbetande verken göres problematiskt genom lönebelastningens höjd. Men en fabrik, som sålunda kommer att ligga nere, är icke värd mer än det som betalas för byggnadsmaterialet.

Den tyska ekonomien har under fackföreningarnas diktatur från den 1 januari 1925 till början av 1929, alltså på fyra år, haft en årlig m e r belastning genom h ö j n i n g av löner, skatter och sociala avgifter av 18.225 miljoner mark. D e t t a ä r e n t r e d j e d e l a v h e l a n a t i o n a l i n k o m s t e n, s o m f å t t e n e n s i d i g o c h

---

[1] I stället uppdrives då till löjlig viktighet den l i l l a omsorgen i gestalt av sådana "problem" som modet, köket, det äktenskapliga och utomäktenskapliga kärleksgnabbet och framför allt tråkigheten, som leder till livsleda. Man bildar en "världsåskådning" av vegetarism, sport, erotisk smak. Man begår självmord, emedan man icke fått den efterlängtade aftonklänningen eller den önskade älskaren eller emedan man icke kan samsas om råkost och utflykter.

Den vita världsrevolutionen 125

felaktig placering. Ett år senare hade denna summa växt till långt över 20 miljarder. Vad betydde de två miljarderna i skadestånd gentemot detta? De förra satte rikets finansiella läge och valuta i fara. De senares tryck på ekonomien kom över huvud taget icke i betraktande gentemot lönebolsjevismens verkningar. Det var en expropriation av landets hela ekonomi till förmån för en klass.

16.

Det finnes högre och lägre arbete: detta kan varken förnekas eller ändras; det är ett uttryck för det faktum, att det finnes kultur. Ju högre en kultur utvecklar sig, ju mäktigare dess gestaltningskraft är, desto större blir skillnaden mellan n o r m g i v a n d e och u nd e r o r d n a t göra av alla slag, vare sig politiskt, ekonomiskt eller konstnärligt. Ty kultur är gestaltat, av ande genomträngt liv, en form som mognar och fullkomnas och vars behärskande förutsätter en allt högre grad av personlighet. Det finnes arbete, till vilket man måste hava inre kallelse, och annat, som man måste göra, därför att man icke k a n något bättre, för att leva därav. Det finnes arbete, som endast helt få människor av rang äro vuxna, och ett annat, vars hela värde består i dess varaktighet, dess kvantum. Till det ena som till det andra f ö d e s man. Detta är öde. Detta låter icke ändra sig, varken genom rationalistisk eller sentimentalt romantisk nivellering.

Den totala arbetsförbrukning, som den västerländska kulturen kräver och som är i d e n t i s k med densamma, blir större med varje århundrade. Den utgjorde vid tiden för reformationen många gånger mer än på korstågens tid och växte oerhört med det adertonde århundradet i samklang med det skapande ledararbetets dynamik, som gjort det lägre massarbetet i allt större omfång nödvändigt. Men därför vill den proletäre revolutionären, som ser kulturen nedifrån och icke begriper den, emedan han icke h a r den, förinta den för att spara kvalitetsarbete och arbete över huvud. Finnes icke mera någon kulturmänniska — som han håller för lyx och överflöd — så finnes det mindre och framför allt enklare arbete, som var och en kan uträtta. I en socialistisk tidning läste jag en gång, att efter penningmiljonärerna måste hjärnmiljonärerna avskaffas. Man förargas över det verkligen skapande arbetet, man hatar dess överlägsenhet, man avundas dess framgångar, antingen de bestå i makt eller rikedom. Sjukhusets skurgumma är för dem viktigare än överläkaren, bonddrängen är mera värd än agronomen, som förädlar sädesslag och boskapsraser, eldaren av maskinen mer än dess uppfinnare. En omvärdering av de ekonomiska värdena, för att begagna ett uttryck av Nietzsche, har försiggått, och då varje värde i massans ögon avspeglar sig i pengar, i betalningen, så skall det lägre massarbetet betalas bättre än de ledande personligheternas högre arbete, och detta har uppnåtts.

Det hade följder, som ännu ingen riktigt begripit. Denne "vite" arbetare, som blivit omklappad och bortskämd av arbetarpartiernas ledare i kapp med borgardömets feghet, blir ett lyxdjur. Man må lämna ur spelet den enfaldiga jämförelsen med miljonärer, som "hava det bättre". Det kommer icke an på personer, som bo i slott och hava betjäning. Man jämföre en modern industriarbetares privata levnadskostnad med en småbrukares. Omkring 1840 var de båda klassernas levnadsstandard ungefär densamma. I dag arbetar den förra mycket mindre än den senare, men det sätt, varpå bonden, likgiltigt om det är i Pommern, Yorkshire eller Kansas, bor, äter och kläder sig, är så ömkligt i förhållande till det, som en metallarbetare från Ruhrdistriktet ända till Pennsylvanien utgiver för sitt underhåll och framför allt för sitt nöje, att arbetaren genast skulle strejka, om man begärde, att han någonsin skulle för det dubbla arbetet och det eviga bekymret för missväxt, avsättning och skulder köpa denna levandsstandard. Vad som i de stora städerna i norden betraktas som existensminimum och som "elände", skulle i en by en timmes väg därifrån synas som slöseri, bortsett från levnadsstilen i den sydeuropeiska agrarkommunismens område, där färgade folks anspråkslöshet ännu är hemma. Men denna arbetarklassens lyx, en följd av de politiska lyxlönerna, finnes där. Och vem betalar dem? Icke det presterade arbetet. Dess avkastning är icke på långt när så mycket värd. Andra måste arbeta, hela återstoden av nationen, för att bekosta den. Det finnes narrar — om Ford menar allvar med vad han sagt och skrivit hör han till dem — som tro, att arbetarnas stegrade "köpkraft" håller ekonomien uppe i höjden. Men hava de sysslolösa massorna i Rom sedan Gracchernas tid gjort detta? Man talar om inrikes marknad, utan att reflektera på vad detta i verkligheten är. Man må probera denna de "vita" fackföreningarnas nya dogm och avlöna arbetarna med produkterna av deras eget arbete, lokomotiv, kemikalier och gatstenar, för vilkas försäljning de själva skulle hava att sörja. De skulle icke veta vad de skulle taga sig till med dem. De skulle vara förfärade av att finna, huru litet dessa saker äro värda. Det skulle dessutom visa sig, att till penningutgifter av högre slag hör samma grad av kultur, samma förandligande av smaken som till att förtjäna pengar genom överlägsna prestationer. Det finnes förnäm och simpel lyx, det kan icke ändras. Det är samma skillnad som mellan en opera av Mozart och en operettslagdänga. Lyxlönerna motsvaras icke av något förfinat lyxbehov. Det är endast den högre societetens köpkraft, som gör en kvalitetsindustri möjlig. De nedre skikten underhålla blott en nöjesindustri, *"circenses"*, i dag liksom i det gamla Rom.

Men denna vulgära lyx i de stora städerna — litet arbete, mycket pengar, ännu mera nöjen — har utövat en ödesdiger inverkan på landsbygdens hårt arbetande och behovslösa människor. Man lärde där känna behov, som fäderna icke kunnat drömma om. Att försaka är svårt, när man har motsatsen för ögonen. Flykten från landet började, först av drängar och pigor, sedan av bondsöner, till sist av hela familjer, som icke visste, om och huru de skulle kunna behålla fädernearvet emot denna snedvridning av det ekonomiska livet. Det har varit likadant i alla kulturer på detta stadium. Det är icke sant, att Italien sedan Hannibals tid avfolkats genom latifundierna. Det har världsstaden Roms *"panem et circenses"* gjort, och det var först den omständigheten, att landet blivit folktomt och därigenom värdelöst, som ledde till utvecklingen av latifundiebruket med slavar. Eljest skulle det hava blivit en öken. Avfolkningen av byarna började 1840 i England, 1880 i Tyskland, 1920 i mellersta västern i Förenta staterna. Bonden var trött på att göra arbete utan lön, medan staden lovade honom lön utan arbete. Så gick han därifrån och blev "proletär". Arbetaren själv var oskyldig till detta. Han känner icke sin levnadsstandard som lyx, tvärtom. Han har blivit eländig och missbelåten, liksom envar, som har privilegier utan egen förtjänst. Vad som ännu i går var målet för vittsvävande önskningar har i dag blivit något självfallet och kommer i morgon att betraktas som nöd, vilken ropar på avhjälpande. Arbetarledaren fördärvade arbetaren, då han utsåg honom till klasskampens pretorian. På det kommunistiska manifestets tid skulle han för detta ändamål andligen g ö r a s till proletär, i dag underhålles han för samma ändamål med hoppet att en dag icke mera vara det. Men här som där har den politiska lönens oförtjänta höjd lett till att anse allt flera saker för oumbärliga.

Men kan denna lön, som blivit e n s j ä l v s t ä n d i g s t o r h e t v i d s i d a n o m e k o n o m i e n, över huvud ännu betalas? Varmed? Av vem? Vid noggrant betraktande visar det sig, att föreställningen om ekonomiens a v k a s t n i n g omärkligt ändrats under löneutpressningarnas tryck. Blott ett sunt ekonomiskt liv kan bära frukt. Det blir en naturlig, otvungen avkastning, så länge det utförda arbetets lön är beroende därav som en funktion. Blir denna lön en oberoende — p o l i t i s k — storhet, en oavbruten åderlåtning, som ingen levande kropp tål vid, så börja de ekonomiska förhållandena och bedömandet av dem taga en artificiell, sjuklig gestaltning, en kapplöpning börjar mellan avsättningen, som m å s t e förbliva i toppen, om icke det hela skall gå under, förblöda, och lönerna, som skynda i förväg, tillika med skatter och sociala avgifter, som äro indirekta löner. Produktionsstegringens febrila tempo utgår till stor del f r å n d e t t a h e m l i g a s å r på det ekonomiska livet. Behoven bringas i höjden genom alla reklamens medel, avsättningen bland färgade folk utsträckes på alla tänkbara vis och blir n ö d t v u n g e n. De stora industristaternas ekonomiska imperialism, som med militära medel försäkrar sig om avsättningsområden och söker behålla dem i deras roll som sådana, bestämmes i sin intensitet även av de ekonomiska ledarnas självbevarelsedrift, som uppkallas till försvar mot arbetarpartiernas ständiga lönepolitiska tryck. Så snart någonstädes i den "vita" världen ett verkligt eller skenbart uppsving av industrien äger rum, komma fackföreningarna med krav på lön för att försäkra sina anhängare om vinster, som alls icke äro för handen. Då skadeståndsbetalningarna inställdes i Tyskland, hette det genast, att dessa "besparingar" måste komma arbetarklassen till godo. Den naturliga följden av lyxlönerna var att produkterna fördyrades — alltså att penningvärdet sjönk — och även där skedde ett p o l i t i s k t ingrepp, i det försäljningsprisen genom lag fastlåstes eller sänktes för att trygga lönernas köpkraft. Därför upphävdes spannmålstullarna i England omkring 1850 — en beslöjad lönehöjning alltså — och därmed o f f r a d e s b o n d e n f ö r a r b e t a r e n, vilket sedan dess försökts eller genomförts överallt, delvis med den absurda motiveringen av bankirer och liknande "sakkunniga", att man måste uppdela världen i agrar- och industriländer, för att uppnå en ändamålsenlig organisation av "världsekonomien". Vad som sedan skulle bliva av industriländernas bondeklass, det frågade ingen efter. Denna var blott objekt för arbetarpolitiken. Den var den egentliga f i e n d e n till arbetarintressenas monopol. Alla arbetarorganisationer äro bondefiender, antingen de medgiva eller bestrida det. Av samma skäl fastställdes priset på kol och järn under parlamentariskt tryck utan hänsyn till uppfordringskostnaderna just genom lönerna; likaså framtvingades förmånspriser av alla slag för arbetarklassen, vilka sedan måste utjämnas genom höjning av normalprisen för "de andra". Om avsättningen blev lidande därpå eller omöjliggjordes var en privatsak för företagarna, och ju mera dessa rubbades i sin ställning, desto segerrikare kände sig fackföreningarna.

En följd av dessa klasskampens verkningar var den produktiva ekonomiens stigande behov av "kredit", "kapital", alltså i n b i l l a d e penningvärden, som blott finnas till, så länge man tror på deras existens, och som vid ringaste tvivel upplösas i intet i form av en börskrasch. Det var det förtvivlade försöket att ersätta förstörda äkta värden med v ä r d e f a n t o m. Ett nytt bakslugt slags banker, som finansierade företagen och därmed blevo deras herrar, började komma i flor. De icke blott gåvo kredit, utan de u p p- a m m a d e den på papperet såsom ett spökaktigt, hemlöst f i n a n s k a p i t a l. I allt raskare tempo förvandlas gammal familjeegendom till aktiebolag och göres mobil för att med de så erhållna penningarna fylla luckorna i utgifternas och inkomsternas kretslopp. Den produktiva ekonomiens skuldsättning — ty ytterst äro aktier ingenting annat än skuld — växte ofantligt, och då förräntandet vid sidan om lönebetalningen började bliva en för denna betänklig storhet, dök klasskampens sista medel upp, kravet på industriverkens expropriation genom staten: därmed skulle lönerna definitivt dragas undan den ekonomiska uträkningen och bliva s t a t s l ö n e r, vilka fastställdes av de regerande arbetarpartierna efter deras fria skön och för vilka skattebolsjevismen hade att skaffa medlen från den övriga nationen.

De senaste, avgörande följderna av detta lyxlönernas vansinne träda raskt i dagen alltifrån 1910: den tilltagande flykten från bondelandet förde allt större massor till storstädernas *panem et circenses* och förledde industrien till allt större utvidgning av fabrikerna, för vilkas avsättning man trodde sig ännu icke behöva hava något bekymmer. I Förenta staterna invandrade 1900—1914 femton miljoner människor från landsbygden i Syd- och Östeuropa, medan farmarbefolkningen redan var i avtagande.[1] I norra[2] Europa skedde en omflyttning av samma omfattning. I bergverksdistriktet Briey arbetade 1914 fler polacker och italienare än fransmän. Och över denna utveckling inbröt nu ödets skickelse från ett håll, som klasskampens ledare aldrig dragit in i kretsen av sina beräkningar, som de icke ens observerat.

---

[1] Den rena farmarbefolkningen blev stillastående omkring 1900, avtog omkring 1910 årligen med 100.000, sedan 1920 med en halv miljon och sedan 1925 med en miljon.
[2] Gränsen mellan söder och nord följer ju för Spengler linjen Lyon—Milano (sid. 91). Norden har för honom sålunda intet att göra med den nordiska rasens utbredning, och vad vi förstå med Norden räknas icke ens med. Ö. a.

Den vita världsrevolutionen

Marx hade beundrat och hatat den industriella ekonomien i de "vita" länderna i norr såsom ett bourgeoisiens mästerstycke. Han såg alltid blott på dess hemort, England, Frankrike och Tyskland, och för hans efterföljare förblev denna provinsiella horisont den rättrogna förutsättningen för alla taktiska betraktelser. Men världen var större, den var mera, ja, något annat än ett område, som stumt och utan motstånd tog emot den lilla europeiska nordens export. De vita arbetarmassorna levde icke av industrien över huvud taget, utan av d e n o r d i s k a s t o rm a k t e r n a s i n d u s t r i m o n o p o l. Endast på grund av detta faktum hade de politiska lönerna kunnat betalas utan att detta genast ledde till en katastrof. Men nu reste sig över klasskampen mellan arbetarklass och samhälle i n o m de vita folken en raskamp av helt annan omfattning, som ingen arbetarledare anat och som även i dag ingen begriper eller vågar begripa i dess ödesdigra obeveklighet. De vita arbetarnas konkurrens inbördes hade man undanröjt genom fackföreningsorganisation och tarifflöner. Den sedan 1840 framvuxna motsättningen mellan industriarbetarens och bondens levnadsstandard hade oskadliggjorts därigenom, att de ekonomiskt politiska avgörandena — tullar, skatter, lagar — bestämdes från arbetarsidan och emot lantbruket. M e n h ä r t r ä d d e n u d e f ä r g a d e s l e v n a d s s t a n d a r d i k o n k u r r e n s m e d d e n v i t a a r b e t a r k l a s s e n s l y x l ö n e r.

Färgade löner äro en storhet av annan ordning och annat ursprung än de vita. De dikterades, krävdes icke, och de h ö l l o s l å g a, om så var nödvändigt, med vapenmakt. Detta kallade man icke reaktion eller rättskränkning mot proletariatet, utan kolonialpolitik, och åtminstone den engelske arbetaren, som lärt sig tänka imperialistiskt, var med på den saken. Marx sökte vid sitt krav på "avkastningens fulla värde" såsom arbetslön sticka undan ett faktum, som han vid större ärlighet måste observera och taga med i räkningen: i den nordiska industriens avkastning ingå kostnaderna för tropiska råämnen — bomull, gummi, metaller — och i dessa ingå färgade arbetares l å g a löner. Ö v e rb e t a l n i n g e n a v d e t v i t a a r b e t e t berodde även på underbetalningen av det färgade arbetet.[1] Vad Sovjetryssland proklamerat som metod i kampen med den "vita" ekonomien för att förstöra dess livsduglighet genom underbjudande: nämligen att försätta sin egen arbetarklass i fråga om levnadsstandard och arbetstid tillbaka till dess läge 1840, om det så skulle vara genom svältdöd eller — såsom 1923 i Moskva — genom artilleri, d e t v a r r e-d a n l å n g t f ö r u t u t a n t v å n g s t a t t i u t-v e c k l i n g p å h e l a j o r d e n. O c h d e t r i k-t a d e s m e d f r u k t a n s v ä r d v e r k a n m i n d r e m o t d e n n a i n d u s t r i s r a n g ä n m o t d e n v i t a a r b e t a r k l a s s e n s e x i s t e n s. Hava sovjetherrarna icke begripit detta i följd av sin doktrinära förblindelse, eller var detta redan förintelseviljan hos det vaknande asiatiska rasmedvetandet, som vill utrota den västerländska kulturens folk?

I sydafrikanska gruvor arbeta vita och kaffrer vid sidan av varandra, den vite åtta timmar med en timlön av två shillings, kaffern tolv timmar med en shilling i daglön. Detta groteska förhållande upprätthålles av de vita fackföreningarna, som förbjuda de färgades organisationsförsök och genom politiskt tryck på partierna hindra, att de vita arbetarna samt och synnerligen kastas på porten, ehuru detta låge i sakens natur. Men detta är blott ett exempel på det allmänna förhållandet mellan vitt och färgat arbete i hela världen. Den japanska industrien slår med sina billiga löner överallt i Syd- och Ostasien den vita konkurrensen ur brädet och har redan börjat giva sig tillkänna på den europeiska och amerikanska marknaden.[2] Indiska vävnader uppträda i London. Och under tiden sker något förskräckligt. Ännu omkring 1880 var det blott i Nordeuropa och Nordamerika, som kollager bearbetades. Nu känner man sådana och har öppnat dem i alla delar av jorden. Den vita arbetarklassens

---

[1] Likaledes stegras de vita lönernas köpkraft därigenom att man lössläpper de med färgade löner vunna livsmedlens konkurrens på det egna landets bönder, vilka å sin sida äro bundna vid de höga tarifflönerna och avgifterna.

[2] Sextiotimmarsveckan betalas i den japanska textilindustrien med sju mark, fyrtioåttatimmarsveckan i Lancashire med trettiofem mark (början av 1933).

Den vita världsrevolutionen 133

monopol på kol är slut. Men därutöver har industrien i vid utsträckning befriat sig från bundenheten vid kolet genom vattenkraft, petroleum och elektrisk kraftöverföring. Den kan vandra och den gör det, och detta överallt bort ifrån de vita fackföreningsdiktaturernas maktsfär till länder med låga löner. Den västerländska industriens kringspridning äro sedan 1900 i full gång. Indiens spinnerier grundades ursprungligen som filialer till de engelska fabrikerna för att "vara närmare förbrukaren". Så var den ursprungliga meningen, men Västeuropas lyxlöner hava åstadkommit en helt annan verkan. I Förenta staterna vandrar industrien mer och mer från Chicago och Newyork till negerdistrikten i söder och kommer icke att göra halt ens vid Mexicos gräns. Det finnes växande industridistrikt i Kina, på Java, i Sydafrika och Sydamerika. De högt utvecklade tekniska förfarandenas flykt till de färgade skrider vidare, och de vita lyxlönerna börja bliva teori, då det arbete, som bjudes för dem, icke vidare behöves.

17.

Redan omkring 1900 var faran utomordentlig. Den "vita" ekonomiens byggnad var redan undergrävd. Den hotade att störta in vid första världshistoriska skakning under trycket av de politiska lönerna, sjunkandet av den personliga arbetstiden, mättnaden av alla främmande avsättningsmarknader, uppkomsten av främmande, av de vita arbetarpartierna oberoende industriområden. Endast den otroliga freden, som statsmännens ängslan för oberäkneliga avgöranden sedan 1870 brett över den "vita" världen, upprätthöll den allmänna villfarelsen om den med hemsk snabbhet annalkande katastrofen. De dystra förebuden observerades icke, beaktades icke. En ödesdiger, ytlig, nästan brottslig optimism — tron på det ostörda framåtskridandet, som uttrycktes i siffror — behärskade arbetarnas och ekonomiens ledare, för att icke tala om politiker, understöddes av det sjukliga svällandet av det fiktiva finanskapitalet,

som hela världen höll för verklig egendom, verkliga, oför~
störbara penningvärden. Men redan omkring 1910 höjdes
enstaka röster, som erinrade, att världen var på väg att
övermättas med industriens, inklusive det industrialiserade
stora lantbrukets produkter. Här och där föreslogs en över~
enskommelse mellan makterna om en frivillig kontingente~
ring av produktionen. Men detta förklingade i vädret. Ingen
trodde på allvarliga faror. Ingen ville tro därpå. Varnings~
ropet var dessutom byggt på falska grunder, nämligen av
ensidiga ekonomer, som e n d a s t sågo ekonomien som en
självständig storhet, och icke den smygande världsrevolu~
tionens mycket mäktigare politik, som tvingat den in i
falska former och riktningar. Orsakerna ligga djupare än
att de skulle ens hava berörts genom funderingar över kon~
junkturfrågor. Och det var redan för sent. Ännu en kort
frist av självbedrägeri hade givits: förberedelsen till världs~
kriget, vilken tog i anspråk eller åtminstone undandrog
produktionen otaliga händer, soldater i de stående härarna
och arbetare för tillverkning av krigsförnödenheter.

Sedan kom det stora kriget och därmed den vita värl~
dens ekonomiska sammanbrott, s o m i c k e o r s a k a t s
a v k r i g e t, u t a n b l o t t i c k e l ä n g r e h e j~
d a t s. Det skulle ändå hava kommit, blott långsammare,
i mindre skrämmande former. Men detta krig fördes av
England, den p r a k t i s k a arbetarsocialismens hemland,
från början för att ekonomiskt tillintetgöra Tyskland, den
yngsta stormakten, som snabbast och i överlägsna former
utvecklat sig till en ekonomisk enhet, och för alltid utesluta
det från konkurrensen på världsmarknaden. Ju mera det
statsmannamässiga tänkandet försvann i händelsernas kaos
och blott militära och grovt ekonomiska tendenser behärs~
kade fältet, desto tydligare trädde överallt i dagen den dystra
förhoppningen att genom först Tysklands, sedan Rysslands
och slutligen de enskilda ententemakternas ruin till sist rädda
den egna industri~ och finansställningen och därmed den
egna arbetaren. Men detta var icke den egentliga begyn~
nelsen till den följande katastrofen. Den utvecklade sig fast~
mera ur det faktum, att sedan 1916 i alla vita länder, an~
tingen de deltagit i kriget eller icke, a r b e t a r k l a s s e n s

diktatur gentemot statsledningen genomförts, öppet eller hemligt, i mycket olika former och grader, men med samma revolutionära tendens. Den störtade eller behärskade alla regeringar. Den drev sitt undermineringsverk i alla härar och flottor. Den fruktades, och det med rätta, mer än själva kriget, den drev efter krigets avslutande upp lönerna för det lägre massarbetet till en grotesk höjd och genomdrev samtidigt åttatimmarsdagen. Då arbetarna kommo hem från kriget, uppstod över allt i världen, trots de väldiga människoförlusterna, den bekanta bostadsnöden, emedan det segerrika proletariatet nu ville bo som bourgeoisien och även genomdrivit detta. Det var den beklagliga symbolen på störtandet av alla gamla stånds- och rangföreträden. Från detta håll fattades statsfinansernas och de ekonomiska krediternas inflation till en början så, som den verkligen var: en av bolsjevismens verksammaste former, varigenom samhällets ledande skikt blevo exproprierade, ruinerade, proletariserade och i följd därav utmanövrerade ur den ledande politiken. Sedan dess behärskas världen av det låga, kortsynta tänkandet hos gemene man, som plötsligt blivit mäktigt. Detta var segern! Förintelsen är fullbordad, framtiden är nära nog hopplös, men hämnden på samhället är tillfredsställd. Och nu visa sig tingen som de ä r o. Historiens obarmhärtiga logik tager sin hämnd på hämnarna, det simpla tänkandet, de avundsjuka, drömmarna, svärmarna, vilka varit blinda för verklighetens stora och kalla fakta.

Trettio miljoner v i t a arbetare äro i dag utan arbete trots de stora förlusterna i kriget och bortsett från flera miljoner, som blott delvis äro sysselsatta. Detta är i c k e en följd av kriget, ty hälften av dem leva i länder, som knappt eller icke alls deltagit i kriget, icke en följd av krigsskulden eller misslyckade valutamanövrer, sådana de andra länderna visa. A r b e t s l ö s h e t e n s t å r ö v e r a l l t i n o g a p r o p o r t i o n t i l l h ö j d e n a v d e p o l i t i s k a t a r i f f l ö n e r n a. Den träffar de enskilda länderna i noga proportion till antalet av de v i t a industriarbetarna. I Förenta staterna är det först angloamerikanerna, sedan de invandrade öst- och sydeuropéerna, allra sist negrerna, vilkas arbete man icke mera behöver. Likadant står det till i det latinska Amerika och i Sydafrika. I Frankrike är antalet mindre, framför allt därför, att de socialistiska deputerade känna skillnaden mellan teori och praktik och så fort som möjligt sälja sig åt den regerande storfinansen i stället för att pressa ut löner åt sina valmän. Men i Ryssland, Japan, Kina, Indien finnes ingen brist på arbete, emedan det icke finnes några lyxlöner. Industrien flyktar till de färgade, och i de vita länderna betala sig endast de uppfinningar och metoder, s o m s p a r a h a n d a r b e t e t, emedan de minska lönetrycket. Sedan årtionden hade produktionens stegring vid lika arbetarantal genom teknisk raffinering varit det sista medlet att bära detta tryck. Nu kunde man icke längre bära det, emedan avsättning fattades. Förr voro lönerna i Birmingham, Essen och Pittsburg världsnormen; i dag äro de färgade i Japan, Rhodesia och Peru normen. Och därtill kommer nivelleringen av de vita folkens överklass med dess ärvda rikedom, dess långsamt utbildade smak, dess såsom förebild verkande behov av ä k t a lyx. Bolsjevismen i de av avund dikterade arvs- och inkomstskatterna — i England begynte den redan före kriget — och inflationerna, som förvandlade hela fömögenheter till intet, hava uträttat ett grundligt arbete. Men denna äkta lyx h a d e s k a p a t o c h b e v a r a t k v a l i t e t s a r b e t e t o c h u p p a m m a t o c h u n d e r h å l l i t h e l a k v a l i t e t s- i n d u s t r i e r. Den hade förlett och f o s t r a t mellanskikten att själva uppställa högre krav. Ju större denna lyx var, desto mera blomstrande var ekonomien. Detta hade Napoleon insett. Han befattade sig icke med nationalekonomiska teorier och förstod därför det ekonomiska livet b ä t t-r e, och från hans hov fick den av jakobinerna förstörda ekonomien åter nytt liv, emedan en högre societet åter bildades, visserligen efter engelskt mönster, emedan *l'ancien régimes* societet var mördad, eller åtminstone ruinerad och i varje fall slö och förtvinad. När den rikedom, som samlas i ledande skikt, förintas genom ingrepp av pöbeln, när den blir misstänkt, lyst i bann och farlig för ägarna, upphör den nordiska viljan till förvärv av egendom, till makt

Den vita världsrevolutionen 137

genom egendom att skapa sådan. Den ekonomiska — psykiska — ärelystnaden dör bort. Tävlingskampen lönar sig icke mer. Man sitter i sin vrå, försakar och sparar — och på "sparandet", som alltid är ett s p a r a n d e a v a n d r a s a r b e t e, går varje högt utvecklad ekonomi med nödvändighet under. Allt detta samverkar. Det lägre vita lönarbetet är värdelöst, arbetarmassan på de nordiska kolen har blivit överflödig. Det var det första stora nederlaget för de vita folken gentemot hela världens färgade folkmassa, till vilken ryssarna, sydspanjorerna, syditalienarna och islams folk höra likaväl som negrerna i det engelska och indianerna i det spanska Amerika. Det var det första hotande tecknet till att det vita världsherraväldet står inför möjligheten att i följd av klasskampen i sin rygg duka under för den färgade makten.

Och likväl vågar ingen se de verkliga grunderna och avgrunderna i denna katastrof. Den vita världen regeras övervägande av dumbommar — o m den regeras, vilket man kan betvivla. Kring den vita ekonomiens sjuksäng stå löjliga auktoriteter, som icke se ut över det närmaste året och som utgående från länge sedan föråldrade, "kapitalistiska" och "socialistiska", trångt ekonomiska åsikter strida om små medel. Och slutligen: feghet gör människan blind. Ingen talar om följderna av denna mer än hundraåriga världsrevolution, som utgående från de vita storstädernas djupa schakt förstört det ekonomiska livet och icke blott detta; ingen ser den; ingen vågar se den.

"Arbetaren" är fortfarande all världens avgud, och "arbetarledaren" är fritagen från varje kritik av tendensen i hans existens. Man må dundra så larmande som helst mot marxismen, ur varje ord talar marxismen själv. Dess högljuddaste fiender äro besatta av den och märka det icke. Och nästan envar av oss är i någon vrå av sitt hjärta "socialist" eller "kommunist". Därav den allmänna obenägenheten att erkänna den härskande klasskampens f a k t u m och draga konsekvenserna därav. I stället för att hänsynslöst bekämpa orsakerna till katastrofen, så vitt detta över huvud ännu är möjligt, söker man avlägsna följderna, symptomen, och icke ens avlägsna dem, utan smeta över dem, dölja och förneka dem. Där är, i stället för att börja betraktelsen med den revolutionära lönehöjden, fyrtiotimmarsveckan det n y a r e v o l u t i o n ä r a kravet, ett ytterligare steg på marxistisk väg, en ytterligare minskning av den vita arbetarklassens prestation med oförändrad inkomst, alltså en ytterligare fördyring av det vita arbetet, ty att de politiska lönerna icke få falla, det förutsättes såsom självklart. Ingen vågar säga arbetarmassorna, att deras seger var deras svåraste nederlag, att arbetarledare och arbetarpartier bragt dem därhän för att stilla sin egen lystnad efter popularitet, makt och indräktiga poster och att de icke på länge tänka på att släppa sina offer ur händerna och själva försvinna. Men under tiden arbeta de "färgade" billigt och länge, till gränsen av sin arbetskraft, i Ryssland under knutpiskan, men på andra ställen redan med det tysta medvetandet om den makt, som de därmed hava i sin hand över de hatade vita, herrarna av i dag — e l l e r i g å r.

Där är slagordet "avskaffandet" av arbetslösheten, "arbetsanskaffningen" — nämligen av överflödigt och ändamålslöst arbete, då nödvändigt, vinstgivande och ändamålsenligt sådant under dessa villkor icke mera finnes — och ingen säger sig, att kostnaderna för denna produktion utan avsättning, för dessa potemkinbyar i en ekonomisk öken åter måste indrivas genom skattebolsjevismen, inklusive anskaffandet av fiktiva betalningsmedel från resterna av det sunda bondedömet och stadssamhället. Där är dumpingen genom planmässigt valutafall, varigenom ett enskilt land söker rädda avsättningen av sina produkter på bekostnad av ett annat lands avsättning — i grunden en falsk, billigare omräkning av de verkliga lönerna och produktionskostnaderna, varigenom avnämaren blir bedragen och varför återigen resten av den övriga nationens egendom får bära kostnaderna genom värdeminskning. Men pundets fall, ett väldigt offer för den engelska stoltheten, har icke minskat antalet arbetslösa med en enda man. Det finnes blott ett slags dumping, som är naturligt grundad i det ekonomiska livet och för den skull framgångsrik, nämligen genom billigare löner och större arbetsprestationer, och därpå stöder sig den ryska exportens ruinerande tendens och den faktiska överlägsenheten i de "färgade" produktionsområdena såsom Japan, antingen de driva industri eller jordbruk, och förinta den vita produktionen genom egen export eller genom importhinder i följd av billigare självförsörjning.

Och slutligen kommer de dödssjuka folkhushållens sista förtvivlade medel: autarkien eller något annat stort ord, varmed man betecknar detta tillvägagångssätt, som liknar döende djurs, den ömsesidiga ekonomiska avstängningen på politisk väg genom kamptullar, importförbud, bojkott, förbud mot export av utländsk valuta och annat, som man uppfunnit eller kommer att uppfinna för att åstadkomma samma tillstånd som i belägrade fästningar, vilket redan nästan motsvarar ett verkligt krig och en dag skulle kunna påminna de militärt starkare makterna att med hänvisning till tankar och bombeskadrar påfordra portarnas öppnande och ekonomisk kapitulation. Ty det måste sägas om och om igen: ekonomien är icke ett rike för sig, den är oupplösligt förenad med den stora politiken; den är icke tänkbar utan en stark utrikespolitik och därmed i sista hand beroende av den militära makten i det land, där den lever eller dör.

Men vilken mening har försvaret av en fästning, om fienden befinner sig i n n e i d e n, f ö r r ä d e r i e t i klasskampens gestalt, som kommer det att synas tvivelaktigt, vem och vad man egentligen försvarar. Här ligga tidens verkliga svåra problem. De stora frågorna äro till för att stora män skola bråka sin hjärna med dem. När man ser, huru dessa frågor överallt i världen dragits ned, l j u g i t s ned till små skenproblem, för att små människor må kunna göra sig viktiga med små tankar och små medel, när man söker "skulden" till den ekonomiska katastrofen hos kriget och krigsskulderna, hos inflation och valutasvårigheter, och när "lyckans återvändande" och "slut på arbetslösheten" äro ord för avslutandet av en väldig världshistorisk epok, ord, som man icke blyges för, då skulle man kunna förtvivla om framtiden. Vi leva i en av histo-

140 *Avgörande år*

riens väldigaste epoker, och ingen ser, ingen förstår detta. Vi uppleva ett vulkanutbrott utan like. Det har blivit natt, jorden skälver, och lavaströmmar vältra sig fram över hela folk — och man ropar på brandkåren! Men därpå känner man igen pöbeln, som blivit herre, till skillnad från de sällsynta människor, som "hava ras". Det är de stora individerna, som göra historien. Det som uppträder "i massa" kan blott vara dess objekt.

18.

Denna världsrevolution är i c k e slut. Den kommer att överleva mitten, kanske slutet av detta århundrade. Den skrider oemotståndligt fram mot sina sista avgöranden, med den historiska obevekligheten av ett stort öde, som ingen förgången civilisation kunnat undgå och som lägger alla nutidens vita folk under sitt nödtvång. Den som predikar dess slut eller tror sig hava besegrat den har alls icke förstått den. Dess väldigaste årtionden äro just i antågande. Varje ledande personlighet på den gracchiska revolutionens tid, Scipio likaväl som hans motståndare Hannibal, Sulla icke mindre än Marius, varje stor händelse, Kartagos undergång, de spanska krigen, de italiska bundsförvanternas resning, slavrevolterna från Sicilien till Mindre Asien äro blott former, vari denna djupa inre kris i samhället, d. v. s. i kulturnationernas inre byggnad, går sin fullbordan till mötes. Det var i Egypten på hyksostiden, i Kina på de "kämpande staternas" tid och överallt annars på de "samtidiga" avdelningarna av historien på samma sätt, huru litet vi än kunna veta därom. Här äro vi alla utan undantag slavar under historiens "vilja", medverkande, verkställande organ i ett organiskt skeende:

Och den som sig dristar det självklokt omvända, han måste då själv dess ombyggnad fullända.
(Schiller).

I denna väldiga tvekamp mellan stora tendenser, som utspelas över allt i den vita världen i krig, omstörtningar, starka personligheter fulla av lycka och tragik, väldiga skapelser av likväl flyktigt bestånd, följer i dag ytterligare offensiven ned i från, från massan i städerna, och defensiven uppifrån, vilken ännu är klen och utan det goda medvetandet om sin nödvändighet. Slutet blir först synligt, när förhållandet vändes om, och detta är nära förestående. I sådana tider finnas två n a t u r l i g a partier, t v å fronter i klasskampen, t v å inre makter och riktningar, de må kalla sig hur som helst, och b l o t t två, likgiltigt i vilket antal partiorganisationer äro för handen och om de finnas. Det bevisar den fortgående bolsjeviseringen av massorna i Förenta staterna, den ryska stilen i deras tankar, förhoppningar och önskningar. Detta ä r det ena "partiet". Ännu finnes intet centrum för motståndet däremot i detta land, som icke har någon gårdag och kanske icke heller någon morgondag. Den glänsande episoden med dollarväldet och dess sociala struktur, som begynner med secessionskriget 1865, tyckes stå inför sitt slut. Blir Chicago den nya världens Moskva? I England har Oxford Union Society, den största studentklubben vid landets förnämsta universitet med förkrossande pluralitet fattat beslutet: denna klubb kommer under inga omständigheter att kämpa för konung och fädernesland. Detta betyder slutet på det sinnelag, som dittills behärskat alla partibildningar. Det är icke omöjligt, att de anglosaxiska makterna äro på väg att gå under. Och den västeuropeiska kontinenten? Friast från denna vita bolsjevism är — Ryssland, där det icke mera finnes något "parti", utan under detta namn en regerande hord av gammalasiatiskt slag. Här finnes icke heller någon tro på ett program, utan blott fruktan för döden — genom indragning av livsmedelskortet eller passet, genom bortsändning till ett arbetsläger, genom en kula eller repet.

Förgäves bemödar sig fegheten i hela skikt att träda in för en försonlig "center" emot "höger"- och "vänster"-radikala tendenser. Själva tiden är radikal. Den tål inga kompromisser. Vänsterns f a k t i s k a övermakt, den vaknande viljan till en högeraktion, som tills vidare har stöd blott i trånga kretsar, i några arméer och bland annat i det engelska överhuset, kunna icke skaffas ur världen eller förnekas. D ä r f ö r har Englands liberala parti försvunnit, och därför kommer dess arvtagare, "the Labour party" i sin nuvarande gestalt att försvinna. Därför försvunno Tysklands centerpartier utan motstånd. Viljan att hålla sig i mitten är en senil önskan om ro till varje pris, om nationernas f ö r s c h w e i z a n d e, om h i s t o r i s k t a v d a nk a n d e, varmed man inbillar sig hava undflytt historiens slag. Det existerar en motsats mellan social rangordning och stadspöbel, mellan tradition och bolsjevism, mellan några fås överlägsna tillvaro och det lägre massarbetet eller vad man vill kalla det. Det finnes icke något tredje. Men det är ävenledes en villfarelse att tro på möjligheten av ett enda parti. Partier äro liberal-demokratiska o p p o s i t i o n s former. De förutsätta ett motparti. E t t parti är lika omöjligt i staten, som e n stat i en statslös värld. Den politiska gränsen — landets eller tänkesättets — skiljer alltid t v å makter från varandra. Det är alla revolutioners barnsjukdom att tro på en segerrik enhet, medan tidens problem, varur de själva framgått, k r ä v e r t v e k l y vn i n g. Så lösas i c k e historiens stora kriser. De vilja mogna för att övergå i nya kriser, nya s t r i d e r. Den "totala staten", ett italienskt slagord, som blivit ett internationellt modeord, var redan förverkligad av jakobinerna — nämligen för skräckväldets två år. Men så snart de förintat *l'ancien régimes* förfallna makter och grundat diktatur, klövo de sig själva i girondister och montagnarder, och de förra intogo den lämnade platsen. Deras ledare föllo offer för vänstern, men deras efterträdare gjorde sammalunda med vänstern. Sedan började med thermidor väntan på den segerrike generalen. Man kan förstöra ett parti såsom en organisation och byråkrati av löntagare, men icke som en rörelse, en själisk-andlig makt. Den naturnödvändiga kampen förlägges därmed till det kvarvarande partiet. Där bildas nya fronter för att fortsätta kampen. Den kan bestridas och döljas, men den finnes där.

Detta gäller om fascismen liksom om envar annan av de talrika, efter dess mönster uppkomna eller ytterligare, t. ex. i Amerika, uppkommande rörelserna. Här är varje individ ställd inför ett oundvikligt val. Man måste veta, om man

Den vita världsrevolutionen

står "till höger" eller "till vänster", och det bestämt, eljest bestämmer historiens gång därom, och den är starkare än alla teorier och ideologiska drömmerier. En försoning är i dag lika omöjlig som på Gracchernas tid. Den västerländska bolsjevismen är ingenstädes död — utom i Ryssland. Om man förintar dess kamporganisationer, lever den vidare i nya former, såsom vänstra flygeln av det parti, som tror sig hava besegrat den, såsom ett tankesätt, om vars tillvaro i eget tänkande individen och hela massor kunna grundligt bedraga sig, såsom en rörelse, som en dag plötsligt bryter fram i organiserade former.

Vad innebär då begreppet "vänster"? Förra århundradets slagord, såsom socialism, marxism, kommunism, äro föråldrade; de säga ingenting mera. Man begagnar dem för att icke vara tvungen att göra sig reda för, var man verkligen står. Men tiden k r ä v e r klarhet. "Vänster" är detsamma som parti, det som tror på partier, ty detta är en liberal form av kampen mot de högre klasserna, klasskampen sedan 1770, längtan efter majoriteter, efter "allas" medlöpande, kvantitet i stället för kvalitet, hjord i stället för herre. Men den äkta cesarismen i alla döende kulturer stöder sig på små, starka m i n o r i t e t e r. "Vänster" är det, som har ett program, ty detta är den intellektuella, nationalistiskt romantiska tron att kunna betvinga verkligheten genom abstraktioner. "Vänster" är den larmande agitationen på gatan och på folkmöten, konsten att revolutionera massan med starka ord och medelmåttiga skäl: på Gracchernas tid utvecklades den latinska prosan till den retoriska stil, som icke duger till annat än spetsfundig retorik och som vi finna hos Cicero. "Vänster" är svärmeriet för massor över huvud såsom grundval för den egna makten, viljan att nivellera det utmärkta, likställa kroppsarbetaren med folket under föraktliga sidoblickar på bonde- och borgardöme.

Ett parti är icke blott en form, som åldras, det vilar även på den redan föråldrade massideologien, det ser tingen nedifrån, det löper efter de flestas tänkande. "Vänster" är slutligen och framför allt brist på aktning för äganderätten, ehuru ingen ras har en så stark instinkt för ägande som den germanska, och detta därför, att den varit den viljestarkaste av alla historiska raser. Viljan att äga är den nordiska m e n i n g e n m e d l i v e t. Den behärskar och gestaltar hela vår historia från halvmytiska konungars erövringståg till den nutida familjens form, som dör, om ägandets idé slocknar. Den, som icke har den instinkten, är icke "av ras".

Detta är den stora faran i vårt århundrades mitt, att man fortsätter med vad man skulle vilja bekämpa. Det är en tid av interimslösningar och övergångar. Men så länge detta är möjligt, är revolutionen i c k e slut. Framtidens cesarism kommer icke att övertala, utan att segra med vapen. Först när detta blivit självklart, när man fattar majoriteten som en invändning och föraktar den, när någon ser massan, partiet i alla dess betydelser, alla program och ideologier under sig, då är revolutionen övervunnen. Även i fascismen bestå faktiskt de gracchiska två fronterna — den vänstra av den undre massan i staden och den högra av den organiserade nationen från bonden till de ledande skikten i samhället — men de äro u n d e r t r y c k t a genom en enskild individs napoleonska energi. Upphävd är motsatsen icke och kan icke vara det[1], och den kommer att åter träda i dagen i svåra diadokstrider i det ögonblick, då denna järnhand lämnar styret. Även fascismen är en övergång. Den har utvecklats ur stadens massa som ett mass p a r t i med larmande agitation och mass t a l. Tendenser från arbetarsocialismen äro icke främmande för den. Men så länge en diktatur har "social" ärelystnad, påstår sig vara till för "arbetarnas" skull, friar till publiken på gatorna och är populär, så länge är den en mellanform. Framtidens cesarism kämpar blott om makt, för e t t rike och mot varje slags parti.

Varje ideologisk rörelse tror på det slutgiltiga i sina prestationer. Den tillbakavisar tanken, att historien "efter den" går vidare. Den saknar ännu den cesariska skepticismen och människoföraktet, det djupa medvetandet om alla företeelsers flyktighet. Mussolinis skapartanke var stor och har haft

---

[1] Bortsett ifrån att i ett sydligt land med halvtropisk levnadsstandard och motsvarande "ras" och dessutom med svag industri och alltså outvecklat proletariat, den nordiska s k ä r p a n i motsatsen icke är till finnandes. I England t. ex. hade detta slags fascism icke kunnat uppkomma och hålla sig kvar.

en internationell verkan: man såg en möjlig form för bolsjevismens bekämpande. Men denna form har uppkommit genom efterapande av fienden och är därför full av faror: revolutionen nedifrån, till stor del gjord av och med den undre världens människor, den väpnade partimilisen — i Cæsars Rom representerad av Clodius' och Milos skaror, — benägenheten att underordna det andliga och ekonomiska ledararbetet under kroppsarbetet, emedan man icke förstår det förra, att ringakta andras äganderätt, att förväxla nation och massa, med ett ord; förra århundradets socialistiska ideologi.

Allt detta hör det förflutna till. Vad som anteciperar framtiden är icke fascismens existens som parti, utan endast och allenast dess skapares gestalt. Mussolini är icke partiledare, fastän han var arbetarledare, utan sitt lands herre. Sannolikt skulle hans förebild Lenin också blivit detta, om han fått leva längre. Han ägde den överlägsna hänsynslösheten gentemot sitt parti och mod att anträda reträtten från all ideologi. Mussolini är framför allt statsman, iskall och skeptisk, realist, diplomat. Han regerar verkligen ensam. Han ser a l l t — den sällsyntaste förmågan hos en absolut härskare. Själva Napoleon isolerades av sin omgivning. De svåraste segrar och de n ö d v ä n d i g a s t e, som en härskare vinner, äro icke segrarna över fienden, utan över sina egna anhängare, pretorianerna, "ras" som de hette i Italien. Där visar sig den borna herrenaturen. Den som icke vet och kan och vågar detta, simmar som en flaskkork på vågen, ovanpå och likväl utan makt. Den fulländade cesarismen är diktatur, men icke ett partis diktatur, utan en mans mot alla partier, framför allt sitt eget. Varje revolutionär rörelse kommer till seger med ett avantgarde av pretorianer, som sedan icke längre äro användbara utan blott farliga. En v e r k l i g härskare kommer till synes i det sätt, varpå han avskedar dem, hänsynslös, otacksam, endast blickande på sitt mål, för vilket han har att finna de riktiga männen och förstår att finna dem. Motsatsen visar den franska revolutionen i sin börjon: ingen har makten, alla vilja hava den. Alla befalla, och ingen lyder.

10. — *Avgörande år.*

146 *Avgörande år*

Mussolini är en härskartyp som renässansens kondottiärer. Han har i sig rasens sydliga slughet och beräknar därför scenen för sin aktion fullkomligt riktigt för karaktärerna i Italien — operans hemland — utan att själv vara berusad därav, något som Napoleon icke var alldeles fri ifrån och som t. ex. Rienzi gick under på. När Mussolini åberopar sig på den preussiska förebilden, har han rätt: han är närmare släkt med Fredrik den store och även med dennes fader än med Napoleon, för att icke tala om ringare exempel.

Här måste slutligen sägas det avgörande ordet om "preussaranda" och "socialism". Jag hade 1919 jämfört båda, en levande idé och ett helt århundrades härskande s l a g o r d, och jag har — jag skulle vilja säga: självfallet — icke blivit förstådd. Man förstår i dag icke längre att läsa innantill. Denna färdighet, som ännu på Goethes tid var en stor konst, är utdöd. Man ögnar hastigt igenom trycksaker i "massa", och i regel demoraliserar läsaren boken. Jag hade visat, att i den av Bebel till en väldig armé hopsmidda arbetarklassen, dess disciplin och lojalitet, dess kamratskap, dess redobogenhet till de yttersta offer fortlevde den gammalpreussiska stil, som först kommit till synes i sjuåriga krigets slaktningar. Det kom an på den e n s k i l d e "socialisten" som karaktär, på hans sedliga imperativ, icke på den i hans huvud inhamrade socialismen, denna allt annat än preussiska blandning av dum ideologi och simpel lystenhet. Och jag visade, att denna typ av att v a r a i f o r m f ö r e n u p p g i f t leder sin tradition tillbaka till tyska orden, som i gotiska århundraden — liksom återigen nu i dag — höll den faustiska kulturens gränsvakt mot Asien. Denna etiska hållning, som är omedveten liksom varje äkta levnadsstil och därför endast kan väckas och utbildas genom levande förebild, icke genom tal och skrifter, trädde på ett storslaget sätt fram i augusti 1914 — a r m é n hade uppfostrat Tyskland — och sveks 1918 av partierna, då s t a t e n slocknade. Sedermera rätade den disciplinerade viljan åter upp sig i den nationella rörelsen, icke i dess program och partier, utan i den s e d l i g a h å l l n i n g e n hos de bästa individerna[1]; och det är möjligt, att det tyska folket från denna grundval långsamt och träget fostras för sin tunga framtids uppgifter, och det är n ö d v ä n d i g t, om vi icke skola gå under i de kommande striderna. Men "platthuvudena" komma icke ifrån förra århundradets marxistiska tänkande. De förstå överallt i världen med socialism icke en sedlig livsform utan en ekonomisk socialism, a r b e t a r s o c i a l i s m, en massideologi med materialistiska mål. Allt slags programsocialism är ett tänkande nedifrån, vilande på simpla instinkter, en apoteos av fårskockskänslan, som i dag allestädes gömmer sig bakom slagordet "individualismens övervinnande", och motsatsen till preussiskt sinnelag, som i föredömliga ledare har u p p- l e v a t nödvändigheten av disciplinerad uppoffring och därmed äger pliktuppfyllelsens inre f r i h e t a t t b e f a l l a ö v e r s i g s j ä l v, b e h ä r s k a s i g s j ä l v med hänsyn till ett stort mål.

Arbetarsocialismen däremot är i varje form — det har jag förut visat — helt och hållet av engelsk härkomst och har uppkommit omkring 1840 samtidigt med att aktien, det hemlandslösa finanskapitalets segerrika form, kommit till väldet. Bådadera äro ett uttryck för Manchesterfrihandelns väsen: denna "vita" bolsjevism är k a p i t a l i s m n e d i f r å n, l ö n e k a p i t a l i s m, liksom det spekulerande finanskapitalet till sin metod är s o c i a l i s m u p p- i f r å n, från börsen. Båda stamma från samma andliga rot, tänkande i pengar, handel med pengar på världsstädernas gatläggning — om det är såsom lönehöjd eller kursvinst, är en bifråga. Mellan ekonomisk liberalism och socialism består ingen motsats. Arbetsmarknaden är det organiserade proletariatets börs. Fackföreningarna äro truster för löneutpressning med samma tendens och metod som olje-, stål- och banktrusterna efter angloamerikanskt mönster, vilkas finanssocialism genomtränger, lägger under sig, utsuger och ända till planmässig expropriation behärskar de personligt och fackmannamässigt ledda privatföretagen. Aktiepackarnas och delaktighetsbevisens ödeläggande, e x p r o-

---
[1] Jag har försökt teckna denna hållning i "Den tyska ungdomens politiska plikter", 1924.

p r i e r a n d e egenskap och skiljandet av blotta "innehavet" från företagarens ansvariga ledararbete, med påföljd, att företagaren icke mera vet, vem hans verk egentligen tillhör, har icke nog beaktats. Den produktiva ekonomien är till sist ingenting annat än ett viljelöst objekt för börsmanövrer. Först med aktiens herravälde har börsen, som dittills endast varit ett hjälpmedel för ekonomien, tagit för sig avgörandet över det ekonomiska livet. Sådana finanssocialister och trustmagnater som Morgan och Kreuger motsvara helt och hållet arbetarpartiernas massledare och de ryska ekonomiska kommissarierna: krämarnaturer med en och samma parvenysmak. Från båda hållen bekämpas, i dag liksom på Gracchernas tid, statens, härens, äganderättens konservativa makter, bonden lika väl som företagaren. Men den preussiska stilen kräver icke blott den stora politikens företräde framför ekonomien, dennas d i s c i p l i n e r i n g genom en stark stat, vilket förutsätter den privata företagarandans fria initiativ och är allt annat än partimässig, programmatisk organisation och överorganisation ända till upphävande av ägandets idé, som just bland germanska folk betyder den ekonomiska viljans f r i h e t och h e r r a v ä l d e över det, som är ens eget.[1] "Disciplinering" är en rashästs skolning genom en erfaren ryttare och icke den levande ekonomiska kroppens inpressande i en planekonomisk korsett eller dess förvandling till en taktmässigt dunkande maskin. Preussiskt är framför allt det obetingade företrädet för utrikespolitiken, som är statens framgångsrika ledning i en värld av stater, framför den inre politiken, som blott har att hålla nationen i form för denna uppgift och som blir till ofog och brott, om den oberoende därav fullföljer egna, ideologiska ändamål. Häri ligger svagheten i de flesta revolutioner, vilkas ledare kommit sig upp genom demagogi och icke lärt sig något annat och därför icke förstå att finna vägen från det partimässiga tänkandet till statsmannatänkandet — som Danton och Robespierre. Mirabeau och Lenin dogo för tidigt, Mussolini lyckades. Men framtiden tillhör de stora handlingsmänni-

---
[1] Det forngermanska ordet *eigan* betyder d o m i n e r a: icke blott "hava" något, utan oinskränkt förfoga däröver.

skorna, efter det världsförbättrarna alltifrån Rousseau kråmat sig på världshistoriens skådebana och försvunnit utan att lämna spår efter sig. Preussisk är slutligen en karaktär, som disciplinerar sig själv, en sådan som Fredrik den store ägde och som han omskrivit i ordet om statens förste tjänare. En sådan tjänare är ingen betjänt, men när Bebel påstod, att det tyska folket ägde en betjäntsjäl, så hade han rätt beträffande de flesta. Hans eget parti bevisade det 1918. Framgångens lakejer äro hos oss talrikare än annorstädes, ehuru de i alla tider och hos alla folk fyllt den mänskliga hjorden. Det är likgiltigt, om bysantinismen utför sina orgier inför penningpåsen, den politiska lyckan, en titel eller blott för Gesslers hatt. Då Karl II landade i England, funnos plötsligt inga republikaner mera. Att vara statens tjänare, är en a r i s t o- k r a t i s k dygd, varav blott få äro mäktiga. Om det är "socialistiskt", så är det en stolt och exklusiv socialism för människor av ras, för livets utkorade. Preussaranda är något mycket förnämt och riktat mot varje slags majoritet och pöbelvälde, framför allt även mot m a s s e g e n s k a- p e r n a s välde. Moltke, den tyske officerens store fostrare, den största förebilden för äkta preussaranda i det nittonde århundradet, var sådan. Greve Schlieffen har sammanfattat hans personlighet i valspråket: tala litet, uträtta mycket, vara mera än synas.

Från denna den preussiska tillvarons idé kommer det slutliga övervinnandet av världsrevolutionen att utgå. Ingen annan möjlighet finnes. Jag sade redan 1919: icke var och en är preussare, som är född i Preussen; denna typ är möjlig överallt i den vita världen och finnes verkligen, om den också är sällsynt. Den ligger överallt till grund för den p r e l i m i n ä r a formen i de nationella rörelserna — de äro intet definitivt — och fråga är, i vilken mån det lyckas att lösgöra denna anda från de snabbt antikverade, populära, partimässigt demokratiska elementen i den liberala och socialistiska nationalismen, vilka tills vidare behärska den. Engelsmännens tysta nationalkänsla omkring 1900, vilken i dag blivit osäker, och fransmännens skrytsamt haltlösa chauvinism, som larmande trädde i dagen i Dreyfusaffären,

150 *Avgörande år*

hörde dit, hos de förra vilade den på kulten för flottan, hos de senare på kulten för armén. Amerika äger intet sådant — den hundraprocentiga amerikanismen är en fras — men behöver det, om det mellan den lurande kommunismen och den redan undergrävda storfinansen över huvud skall som nation överleva den kommande katastrofen. Den preussiska idén riktar sig mot finansliberalismen liksom mot arbetarsocialismen. Varje slags massa och majoritet, allt som är vänster, är föremål för dess misstankar. Framför allt riktar den sig mot statens försvagande och det nedsättande missbruket av densamma för ekonomiska intressen. Den är konservativ och "höger" och växer fram ur livets urmakter, såvitt dessa ännu finnas till hos nordiska folk: ur instinkten för makt och ägande, för ägande såsom m a k t, för arv[1], fruktsamhet och familj — ty detta hör tillsammans — för rangskillnader och uppdelning i samhällsklasser, och dess dödsfiende var, och är, rationalismen från 1750 till 1950. Nutidens nationalism är med det i den gömda monarkiska tänkesättet en övergång. Den är ett förstadium till den kommande cesarismen, om den också synes ligga aldrig så långt i fjärran. Här lever motviljan mot allt liberalt och socialistiskt partiväsen, mot allt slags folklighet, som städse komprometterar sitt objekt, mot allt, som uppträder i massa och vill ha sitt ord med i laget. Detta drag, det må vara än så djupt gömt under "mera tidsenliga" tendenser, har framtiden för sig — och framtidens l e d a r e. Alla verkligt stora ledare i historien gå till höger, de må vara komna än så djupt nedifrån: därpå igenkänner man den b o r n e herren och härskaren. Detta gäller om Cromwell och Mirabeau liksom om Napoleon. Ju mognare tiden blir, desto större utsikter har denna väg. Den äldre Scipio gick under på konflikten mellan bördens traditioner, vilka förbjödo honom att tillvälla sig en laglös diktatur, och den historiska ställning, som han, utan att han själv ville det, fått genom att han räddade Rom undan den kartagiska faran,

---

[1] Från den ärvda bondgården, verkstaden, firman med gammalt namn till den ä r f t l i g a m o n a r k i e n. Republiken är sedan 1789 en form av o p p o s i t i o n mot arvstanken, ingenting annat.

Den vita världsrevolutionen 151

och han dog i främmande land. Då b ö r j a d e den revolutionära rörelsen först undergräva de traditionsmättade formerna, så att den yngre Scipio mot Graccherna ännu hade en svag ställning, Sulla mot Marius redan en mycket stark ställning, tills slutligen Cæsar, som började såsom anhängare av Catilina, icke mera fann något partimässigt motstånd. Ty pompejanerna voro intet parti, utan en enskild mans anhängare. Världsrevolutionen, så stark den än börjar, slutar icke i seger eller nederlag, utan i de framdrivna massornas r e s i g n a t i o n. Deras ideal bliva icke vederlagda; de bliva t r å k i g a. Till sist förmå de ingen att sätta sig i rörelse för dem. Den som talar om "borgardömets" slut betecknar sig därmed ännu som proletär. Han har ingenting att skaffa med framtiden. Ett "icke borgerligt" samhälle kan endast hållas uppe genom skräckvälde och blott för ett par år — då är man mätt på det, bortsett ifrån att arbetarledarna under tiden blivit nya borgare. Och detta är icke i äkta ledarnaturers smak.

Socialism av vad slag som helst är i dag lika föråldrad som sina liberala utgångsformer, liksom allt som sammanhänger med parti och program. Arbetarkultens århundrade — 1840 till 1940 — är oåterkalleligen slut. Den som i dag besjunger "arbetaren" har icke förstått tiden. Kroppsarbetaren går åter in i nationen såsom helhet, icke mera såsom dess bortskämda skötebarn, utan såsom det understa trappsteget i stadssamhället. De av klasskampen utarbetade m o t- s a t s e r n a bliva åter bestående å t s k i l l n a d e r mellan hög och låg, och man giver sig till freds därmed. Det är den romerska kejsartidens resignation, då det icke mera fanns några ekonomiska problem av detta slag. Men huru mycket kan icke ännu bliva förstört och utjämnat under den socialistiska världsanarkiens sista tider! Så mycket, att hos många vita folk intet ämne mera kommer att finnas, varmed en Cæsar skulle kunna uppbygga sin skapelse, sin a r m é — t y a r m é e r k o m m a a t t i f r a m- t i d e n a v l ö s a p a r t i e r n a — och sin stat.

Finnes i det som i dag i alla vita länder, som deltagit i kriget, oklart nog kallar sig "ungdomen", "frontgenerationen"[1], över huvud ett bärkraftigt fundament för sådana framtidens män och uppgifter? Den djupa skakningen genom det stora kriget, vilken ryckte all världen ur de tröga illusionerna om trygghet och framåtskridande såsom historiens mening, visar sig ingenstädes tydligare än i det psykiska kaos, som det lämnade efter sig. Att man icke är det ringaste medveten därom och tror sig bära inom sig en ny ordning, bevisar dess tillvaro mer än någonting annat. De människor, som äro födda omkring 1890, hava icke sett en verkligt stor ledare. Bismarcks och Moltkes gestalter, för att nu tala endast om Tyskland, voro redan försvunna i dimman av en historisk litteratur. De kunde hava varit en måttstock för äkta storhet, men icke utan levande närvaro, och kriget har icke uppvisat en enda betydande monark, ingen framstående statsman, ingen segerrik fältherre på avgörande plats. Alla minnesmärken och gatunamn hjälpa icke upp den saken. Följden därav var en fullständig brist på auktoritetskänsla, varmed miljonerna å båda sidor kommo hem från skyttegravarna. Den visade sig i den ohejdade pojkaktiga kritiken av allt, som fanns till, människor och saker, utan att ens ett spår av s j ä l v k r i- t i k fanns. Man skrattade åt det som varit i går utan att ana dess fortfarande makt. Den visade sig framför allt i det sätt, på vilket man då överallt skrek efter diktatur efter sin egen smak, utan att känna eller erkänna en diktator, och på vilket man i dag valt och tillbett ledare, som man dagen efter förkastat — Primo de Rivera, d'Annunzio, Ludendorff — för att diskutera ledarskapet som ett problem i stället för att vara redo att taga det som ett faktum, när det en gång skulle komma. Den politiska dilettantismen förde ordet. Envar föreskrev sin blivande diktator, vad han skulle vilja. Envar fordrade disciplin av de andra, e m e d a n han icke var mäktig självdisciplin. Emedan man förgätit vad en statsledare är, förföll man till hysteri i program och ideal, hängav sig i tal och skrift åt tomma drömmerier om vad som ovillkorligen borde omgestaltas — ty att detta var möjligt, förutsatte man som självklart. Bristen på respekt för

[1] Är detta män, som 1918 voro 20 till 30 år gamla, eller sådana, som i dag äro 20 till 30 år gamla?

Den vita världsrevolutionen 153

historien har aldrig varit större än i dessa år. Att historien har sin e g e n logik, på vilken alla program lida skeppsbrott, visste man icke och ville man icke hava besannat. Bismarck nådde målet, emedan han begrep gången i sitt århundrades historia och infogade sig i den. Detta var stor politik såsom det m ö j l i g a s konst.

Från denna "ungdom" i alla vita länder, som ville nedifrån "avsluta" en tvåhundraårig världsrevolution, emedan den icke förstod den, och det i form av bolsjevismen, varav de själva hade så mycket inom sig, höjdes det typiskt revolutionära ropet mot "individualismen", i Tyskland, England, Spanien, överallt. De voro allesammans själva små individualister — m y c k e t små, utan begåvning, utan djup, men just därför besatta av ett krampaktigt rättshaveri — och hatade därför överlägsenheten hos de större, vilka åtminstone hade en smula skepticism gentemot sig själva. A l l a r e v o l u t i o n ä r e r s a k n a h u m o r, och därför lida de alla skeppsbrott. Småaktig envishet och brist på humor — det är definitionen på fanatism. Att ledarskap, auktoritet, respekt och "socialism" utesluta varandra, därom voro de alldeles omedvetna. Denna antiindividualism är det teoretiska modet för ögonblicket bland de intellektuella, mot deras vilja, i alla vita länder, liksom det i går var en individualism, som icke skilde sig mycket därifrån. Så ömklig detta slags anda är, är den dock det enda de hava. Det är de stora städernas skriftställaranda, ingenting annat, och den är allt annat än ny, ty redan jakobinerna hade talat sig trötta på den. Brist på intelligens är icke något sätt att övervinna rationalism.

Vari består då socialismen hos dessa hjältar, som draga i fält mot personlighetens frihet? Det är österns opersonliga, asiatiska kollektivism, den stora slättens anda i förbindelse med den västliga *levée en masse* av 1792. Vad är egentligen det, som där reser sig? De obetydliga, vilkas numerär är deras enda makt. Det ligger ganska mycket underjordiskt slaviskt däri, rester av förhistoriska raser och deras primitiva tänkande, även a v u n d s j u k a mot ryssandan, vars outvecklade vilja befriar dem från de undermåligas kval att vilja något och icke veta vad, att vara tvungna att vilja och icke våga det. Den som icke har mod att vara hammare får finna sig i städets roll. Denna är icke utan sina behag. Längtan att vara befriad från att själv vilja något, att dyka ned i den tröga majoriteten, en betjäntsjäls lycka att icke hava husbondens bekymmer — allt detta förkläder sig här i stora ord. De obetydligas romantik! Hjordkänslans apoteos! Det sista medlet att idealisera sin egen fruktan för ansvar! Detta hat mot individualismen, som stammar ur feghet och skam, är en karikatyr av de stora mystikerna i fjortonde och femtonde århundradena och deras "lämnande av jagheten", såsom det heter i "Theologie deutsch". Det var starka själar, som då genomlevde jagets kolossala, äkta germanska ensamhet i världen och ur dess kval förnummo den glödande längtan att gå upp i det, som de kallade Gud eller alltet eller annorlunda, men som dock åter var deras eget jag. Det starka, o b ö j l i g a jaget var deras öde. Varje försök att överskrida dess gräns lärde blott, att det i c k e h a d e någon gräns. I dag känner man det enklare: man blir "socialist" och talar mot de andras jag.

Det egna jaget gör dem intet besvär. Hjärnornas nivellering är fullbordad: man samlar sig "i massa", man vill "i massa", man tänker "i massa". Den som icke tänker med, den som tänker själv, uppfattas som motståndare. Massan i stället för gudomen är nu det, vari det tröga, dumma, av allehanda hämningar sjuka jaget "sänker sig": även detta är "förlossning". Det är nästan mystiskt. Detta visste man redan 1792. Det är pöbelns behov att löpa med och vara med. Men den preussiska stilen är ett f r i v i l l i g t f ö r s a k a n d e, e t t s t a r k t j a g s underkastelse under en stor plikt och uppgift, en akt av s j ä l v b e h ä r s k n i n g och så till vida det högsta i individualism, som är nutiden möjligt.

Den keltisk-germanska "rasen" är den viljestarkaste, som världen sett. Men detta "jag v i l l" — j a g vill! — som fyller den faustiska själen ända till brädden och utgör den yttersta meningen med dess tillvaro och behärskar varje yttring av den faustiska kulturen i tänkande, handlande, danande och uppförande, väckte medvetandet om jagets fullkomliga ensamhet i det oändliga rummet. Vilja och ensamhet äro ytterst

Den vita världsrevolutionen 155

detsamma. Därav Moltkes tigande och å andra sidan den vekare, kvinnligare Goethes behov av upprepade bekännelser inför en självvald medvärld, vilket genomtränger alla hans verk. Det var längtan efter ett eko ur världsrymden, en vek själs lidande av det monologiska i dess tillvaro. Man kan vara stolt över ensamheten eller lida av den, men man löper icke ifrån den. De "eviga sanningarnas" religiösa människa — som Luther — längtar efter nåd och förlossning från denna skickelse, vill kämpa sig till den, till och med trotsa sig till den. Men nordens politiska människa utvecklar därur ett gigantiskt t r o t s e m o t v e r k l i g- h e t e n: "du litar mera på ditt svärd än på Tor", heter det i en isländsk saga. Om något i världen är individualism, så är det detta individens trots mot hela världen, vetskapen om den egna oböjliga viljan, fröjden över slutliga avgörelser och kärleken till ödet till och med i det ögonblick, då man krossas av det. Och preussiskt är att böja sig av f r i vilja. Offrets värde ligger däri, att det är t u n g t. Den som icke har något jag att offra, borde icke yvas över "följestroheten" mot en ledare. Han löper blott bakom någon, på vilken han lastat ansvaret. Om något i dag b o r d e väcka förvåning, så är det ömkligheten i det socialistiska idealet, med vilket man vill förlossa världen. Detta är ingen befrielse från det förflutnas makter; det är fortsättningen på dess sämsta böjelser. Det är f e g h e t gentemot livet.

Den äkta — äkta p r e u s s i s k a — följestroheten är vad världen i denna de stora katastrofernas tidsålder mest behöver. Man stöder sig endast på något, som gör motstånd. På denna insikt känner man den verklige ledaren. Den som stammar från massan måste veta så mycket bättre, att massa, majoriteter, partier icke äro något följeskap. De vilja blott hava fördelar. De lämna den som går före i sticket, så snart han fordrar offer. Den som tänker och känner från massans ståndpunkt kommer aldrig att i historien efterlämna något annat än en demagogs rykte. Här skilja sig vägarna åt vänster och höger: demagogen lever bland massan städse bland sina likar. Den som är f ö d d till härskare kan begagna den, men han föraktar den. Han för den svåraste kampen icke mot fienden, utan mot svärmen av sina alltför hängivna vänner.

Därför äro h ä r a r och icke partier den kommande maktformen, härar av osjälvisk tillgivenhet, sådana Napoleon icke mera ägde efter Wagram: hans gamla soldater voro pålitliga, men icke de högre officerarna, och varje härs värde mätes främst efter de senare. Man såg i honom icke den ledande, utan den evigt givande. Så snart de fordrade offren övervägde fördelarna, var det slut med den stora armén. Det är på tiden, att den "vita" världen, och främst Tyskland, tänker på sådana fakta. Ty bakom världskrigen och den ännu icke avslutade proletära världsrevolutionen dyker den största av alla faror upp, den f ä r g a d e, och allt som ännu finnes av "ras" i de vita folken kommer att behövas för att möta den. Tyskland framför allt är ingen ö, som de politiska ideologerna mena, vilka skulle vilja förverkliga sina program på detta som objekt. Det är blott en liten fläck i en stor och jäsande värld, men dock i ett läge, som kan avgöra utgången. Det har väl e n d a s t preussarandan såsom f a k t u m inom sig, men med denna skatt av föredömligt väsen kan det bliva den "vita" världens fostrare, kanske dess räddare.

Den färgade världsrevolutionen

19.

Detta århundrades västerländska civilisation hotas icke av en utan två världsrevolutioner av största omfattning. De hava b å d a ännu icke blivit kända i sitt verkliga omfång, sitt djup och sina verkningar. Den ena kommer nedifrån, den andra utifrån: k l a s s k a m p o c h r a s k a m p. Den ena ligger till stor del bakom oss, om också dess avgörande slag — kanske i den angloamerikanska zonen — sannolikt ännu låta vänta på sig. Den andra har först i världskriget tagit en markerad början och vinner mycket raskt fast tendens och gestalt. I de närmaste årtiondena komma båda att kämpa bredvid varandra, k a n s k e s o m b u n d s f ö r v a n t e r: det blir den svåraste kris, som de vita folken — antingen de äro eniga eller icke — gemensamt måste genomgå, om de ännu vilja hava en framtid.

Även "revolutionen utifrån" har rest sig mot envar av de gamla kulturerna. Den framgick städse ur det tandagnisslande hat, som den oangripliga överlägsenheten hos en grupp kulturnationer, beroende på deras till hög mognad komna politiska, militära, ekonomiska och andliga former och medel, framkallade runt omkring dem hos de hopplöst underlägsna, "vildarna" eller "barbarerna", de rättslöst exploaterade. Ingen högkultur saknar denna kolonialstil. Men ett sådant hat uteslöt icke ett hemligt förakt för den främmande livsformen, som man småningom lärde känna, spotskt genomskådade och till sist vågade taxera med hänsyn till gränserna för dess verkan. Man såg, att mycket kunde efterapas, att annat kunde göras oskadligt eller icke ägde den kraft, som man i början i stel skräck tillskrivit den.[1] Man åsåg krigen och revolutionerna inom dessa herrefolks värld och blev genom den med tvång genomförda användningen

---
[1] Jugurthas omdöme om Rom.

för krigets värv invigd i beväpningens,[1] ekonomiens och diplomatiens hemligheter. Man tvivlade slutligen på främlingarnas verkliga överlägsenhet, och så snart man kände, att deras härskarvilja slappades, började man fundera på ett eventuellt angrepp och seger. Så var det i Kina i tredje århundradet f. Kr., då barbarfolken norr och väster om Hoangho och söder om Jangtsekiang drogos in i stormakternas avgörande strider, och i den arabiska världen på abbasidtiden, då turkisk-mongoliska stammar uppträdde först som legotrupper, sedan som herrar. Och så var det framför allt i antiken, där vi noga kunna överblicka händelserna, vilka fullkomligt likna dem, som vi nu oåterkalleligen skrida in i.

Barbarernas angrepp på den antika världen börja med kelternas tåg alltsedan år 300, vilka gång på gång ledde mot Italien, där i det avgörande slaget vid Sentinum (295) galliska stammar understödde etruskerna och samniterna mot Rom och där ännu Hannibal med framgång betjänat sig av dem. Omkring 280 erövrade andra kelter Macedonien och norra Grekland, där varje statlig makt upphört att existera i följd av inrepolitiska strider, och hejdades först vid Delfi. I Tracien och Mindre Asien grundade de barbarriken över en helleniserad och till en del hellenisk befolkning. Något senare begynner även i öster i Alexander den stores sönderfallna rike den barbariska reaktionen under tallösa uppror mot den helleniska kulturen, som tvingas att vika tillbaka steg för steg, så att sedan omkring år 100 Mitridates, i förbund med sydryska "vildar" (skyter och bastarner) och räknande på parternas allt starkare framträngande från östra Iran mot Syrien, kunde hoppas förstöra den romerska staten, som befann sig i ett fullständigt klasskampskaos. Han kunde hejdas först i Grekland. Aten och andra städer hade slutit sig till honom och även keltiska stammar, som ännu voro bosatta i Macedonien. I de romerska härarna rådde öppen revolution. De enskilda delarna kämpade mot varandra, och anförarna togo livet av varandra till och med inför fienden (Fimbria). Då upphörde den romerska hären att vara en nationell trupp och förvandlades till enskildas

---

[1] Libyerna och "sjöfolken" genom egypterna i det Nya riket, germanerna genom Rom, turkarna genom araberna, negrerna genom Frankrike.

Den färgade världsrevolutionen 159

personliga följe. Vad Hannibal 218 fört mot Rom, hade egentligen icke varit kartager, utan övervägande folk av de vilda stammarna i Atlas och södra Spanien, med vilka Rom sedan från år 146 fick föra en fruktansvärd och ändlös kamp — det var förlusterna i dessa krig, som föranledde de romerska böndernas resning i de gracchiska oroligheterna — och med vilka romaren Sertorius sedan sökte grunda en motstat mot Rom. Från år 113 följde det keltiskgermanska angreppet från cimbrer och teutoner, vilket först efter förintandet av hela romerska härar kunde tillbakavisas av revolutionsledaren Marius, sedan denne återvänt från besegrandet av Jugurtha, vilken bragt Nordafrika i vapen mot Rom och genom bestickning av de romerska politikerna i åratal hindrat varje motåtgärd. Omkring år 60 började en andra keltisk-germansk rörelse (suever, helvetier), som Cæsar motade genom Galliens erövring, medan Crassus vid samma tid föll mot de segerrika parterna. Men då var det slut med m o t s t å n d e t g e n o m u t v i d g n i n g. Cæsars plan att återerövra Alexanders rike och därmed undanröja faran från parterna blev outförd. Tiberius måste draga tillbaka gränsen i Germanien, sedan det icke lyckats att ersätta de i Varusslaget tillintetgjorda trupperna och det första stora upproret av gränslegionerna ägt rum vid Augustus' död. Sedan rådde ett defensivsystem. Men armén fylldes mer och mer med barbarer. Den blir en oavhängig makt. Germaner, illyrier, afrikaner, araber komma upp som ledare, medan imperiets människor försjunka i en "evig freds" ynkedom, och då de stora angreppen begynte från norr och öster, slöt i c k e b l o t t civilbefolkningen fördrag med de inträngande och övergick frivilligt i undersåtligt förhållande till dem: en trött civilisations sena pacifism.

Men alltjämt var århundraden igenom en planmässig defensiv mot dessa tillstånd möjlig, emedan det romerska rikets *orbis terrarum* var ett slutet område, som hade g r ä n s e r, vilka kunde försvaras. Mycket svårare är läget i fråga om de vita folkens nuvarande imperium, som omfattar hela jordytan och i n n e s l u t e r de färgade. Den vita mänskligheten har i sin obändiga trängtan till ett oändligt fjärran spritt sig åt alla håll, till Nord- och Sydamerika, Sydafrika, Australien och otaliga stödjepunkter däremellan. Den gula, bruna, svarta och röda faran lurar i n n a n f ö r det vita maktområdet, tränger in i de krigiska och revolutionära stridigheterna mellan de vita makterna, tager del i dessa och hotar att till sist själv få avgörandet i sin hand. Vad hör då till den "färgade" världen? Icke blott Afrika, indianerna — jämte negrer och halvblod — i hela Amerika, de muhammedanska folken, Kina, Indien ända till Java, utan framför allt Japan och R y s s l a n d, som åter blivit en asiatisk, "mongolisk" stormakt. Då japanerna besegrade Ryssland, lyste ett hopp upp över hela Asien: en ung asiatisk stat hade med västliga medel tvingat den största makten i Västerlandet ned på knä och därmed förstört den nimbus av oövervinnelighet, som omgav "Europa". Det verkade som en signal i Indien, i Turkiet, till och med i Kaplandet och Sahara: det var alltså möjligt att giva de vita folken betalt för ett århundrades lidanden och förödmjukelser. Sedan dess grubblar asiatiska människors djupa slughet på medel, som äro otillgängliga för det västeuropeiska tänkandet och detsamma överlägsna. Och nu lade Ryssland, sedan det 1916 västerifrån lidit det andra avgörande nederlaget, icke utan det förbundna Englands spefulla tillfredsställelse, bort den "vita" masken och blev åter asiatiskt av hela sin själ och med lågande hat mot Europa. Det tog med sig erfarenheterna om dess inre svaghet och uppbyggde därav nya, lömska stridsmetoder, med vilka det genomträngde hela den färgade befolkningen på jorden i tanke på det gemensamma motståndet. Detta är jämte arbetarsocialismens seger över samhället hos de vita folken den andra v e r k l i g a följden av världskriget, vilket icke närmare klargjort eller avgjort något av den stora politikens egentliga problem. Detta krig var ett nederlag för den vita rasen, och freden av 1918 var den färgade världens första stora triumf: det är en symbol, att den i "Nationernas förbund" i Genève — som icke är annat än den eländiga symbolen för allsköns skamligheter — i dag får hava sitt ord med i laget angående de vita rasernas inbördes tvistigheter.

Att utlandstyskarna misshandlades av färgade på engelsk

Den färgade världsrevolutionen 161

och fransk befallning, var ingen händelse av överraskande nyhet. Denna metod begynner med den liberala revolutionen i adertonde århundradet: 1775 värvade engelsmännen indianstammar, som brännande och skalperande överföllo de amerikanska republikanerna, och det borde icke vara glömt, på vilket sätt jakobinerna satte negrerna på Haiti i rörelse för "människorättigheterna". Men att de färgade i hela världen i massa på europeisk mark av vita förts mot vita och lärt känna hemligheterna med de modernaste krigsverktygen o c h g r ä n s e r n a f ö r d e r a s v e r k a n och skickades hem i tron att hava besegrat vita makter, det har grundligt förändrat deras föreställning om maktförhållandena på jorden. De kände sin gemensamma styrka och de andras svaghet; de begynte förakta de vita, liksom en gång Jugurtha det mäktiga Rom. Icke Tyskland, utan V ä s t e r- l a n d e t har förlorat världskriget, då det förlorade de färgades aktning.

Räckvidden av denna förskjutning i Europas politiska pondus har först fattats i Moskva. I Västeuropa begriper man den icke ännu i dag. De vita herrefolken hava stigit ned från sin forna rang. De förhandla i dag, där de befallde i går, och skola i morgon bliva tvungna att smickra för att få förhandla. De hava förlorat medvetandet om självklarheten i sin makt och märka det icke ens. De hava i "revolutionen utifrån" lämnat ifrån sig tiden att välja åt Amerika och framför allt åt Asien, vars gräns i dag ligger vid Weichsel och Karpaterna. De hava sedan Wiens belägring av turkarna för första gången tvingats till defensiven och måste uppbringa stora krafter, både i andligt och militärt avseende, i mycket stora mäns hand, om de vilja rida ut den första väldiga stormen, som icke kommer att låta länge vänta på sig.

I Ryssland kommo båda revolutionerna, den vita och den färgade, samtidigt till utbrott. Den ena, en ytlig stadsrevolution, stödd på arbetarsocialismen med den västerländska tron på parti och program, genomfördes av litteratörer, akademiska proletärer och nihilistiska agitatorer av Bakunins slag i förening med de stora städernas drägg, alltigenom retorisk och litterär, slaktade ned det från Peter den stores

11. — *Avgörande år.*

tid stammande samhället, som till stor del var av västerländsk härkomst och satte i scen en larmande kult av "arbetaren". Maskintekniken, som för den ryska själen är så främmande och förhatlig, hade plötsligt blivit en gudom och livets mening. Men därunder började, långsamt, segt, tyst, framtidsrikt, den andra revolutionen, musjikens, byns, den egentligen asiatiska bolsjevismen. Bondens eviga jordhunger, som drev soldaterna från fronten för att få vara med om den stora jorddelningen, var dess första yttring. Arbetarsocialismen insåg mycket snart faran. Efter att i början hava varit dess bundsförvant började den med det bondehat, som är gemensamt för alla stadspartier, de må vara liberala eller socialistiska, kampen mot detta konservativa element, som städse i historien överlevt alla politiska, sociala och ekonomiska bildningar i städerna. Den berövade bonden hans egendom, införde åter den faktiska livegenskapen och dagsverksarbetet, som Alexander II upphävt från 1862, och bragte det genom fientlig och byråkratisk förvaltning av lantbruket — varje socialism, som övergår från teori till praktik, kväves mycket snart i byråkrati — slutligen därhän, att i dag åkrarna ligga förvildade, den forna rikedomen på kreatur har smält ihop till en bråkdel och hungersnöden i asiatisk stil blivit det permanenta tillstånd, som blott tåles av en viljesvag, till träldom född ras.

Men den "vita" bolsjevismen håller raskt på att försvinna. Man bevarar blott det marxistiska ansiktet utåt för att i Sydasien, Afrika, Amerika frigöra och leda resningen mot de vita makterna. Ett nytt, mera asiatiskt skikt av regenter har avlöst det halvt västerländska. Det bor åter i villorna och slotten runt om Moskva, håller sig med tjänstfolk och vågar redan utveckla en barbarisk lyx i den smak, som var de nyrika mongolkanernas från det fjortonde århundradet. Det är en "rikedom" i ny form, som låter sig omskrivas med proletära begrepp.

Man kommer också att vända tillbaka till bondeegendom, privategendom över huvud taget, vilket icke utesluter den faktiska livegenskapen, och man kan göra det, ty h ä r e n har makten, icke mera det civila "partiet". Soldaten är den ende i Ryssland, som icke svälter, och han vet varför och huru länge. Denna makt är oangriplig utifrån i följd av rikets geografiska utsträckning, men den är själv angripare. Den har legosoldater och bundsförvanter överallt i världen, förklädda liksom den själv. Dess starkaste vapen är den nya, revolutionära, äkta asiatiska diplomati, som handlar i stället för att förhandla, nedifrån och bakifrån, genom propaganda, mord och uppror, och som därigenom är vida överlägsen de vita ländernas stora diplomati, vilken även med sina politiserande advokater och journalister ännu icke helt förlorat sin gamla aristokratiska stil, som stammar från Escorial och vars siste store mästare var Bismarck.

Ryssland är Asiens herre, Ryssland ä r Asien. Japan hör blott geografiskt dit. Till sin "ras" står Japan utan tvivel närmare de östligaste malajerna, polynesierna och många indianfolk på Amerikas västsida. Men det är till sjöss, vad Ryssland är till lands: h e r r e över ett vidsträckt område, i vilket västerländska makter icke mera betyda något. England är icke på långt när i samma grad herre i "sitt" imperium, icke ens i de färgade kronkolonierna. Japan sträcker sitt inflytande långt bort. Det har detta inflytande i Peru och vid Panamakanalen. Den föregivna blodsförvantskapen mellan japaner och mexikaner har vid tillfälle betonats och firats på båda sidor.[1] I Mexico uppstod i början av 1914 i ledande indianska kretsar "San Diego-planen", enligt vilken en armé av indianer, negrer och japaner skulle infalla i Texas och Arizona, den vita befolkningen massakreras, negerstaterna bliva självständiga och ett större Mexico uppstå som en rent indiansk rasstat.[2] Hade planen kommit till utförande, skulle världskriget hava begynt med en helt annan fördelning av makterna och på basis av andra problem. Monroedoktrinen i skepnad av dollarimperialism med sin spets riktad mot det latinska Amerika hade därmed förintats. Ryssland och Japan äro i dag de enda a k t i v a makterna i världen. Genom dem har Asien blivit det avgörande elementet i världshändelserna. De vita makterna handla under dess tryck och märka det icke ens.

---

[1] L. Stoddard, The Rising of Color (1920), sid. 131 ff.
[2] I staden Mexico står en staty av den siste aztekkejsaren Guatimozin. Ingen skulle våga resa en sådan för Ferdinand Cortez.

Detta tryck består i den färgade rasens revolutionära verksamhet, vilken betjänar sig av den vita klasskampsrevolutionen såsom medel. Om den ekonomiska katastrofens bakgrund är redan talat. Sedan revolutionen nedifrån i arbetarsocialismens skepnad gjort bräsch genom de politiska lönerna, trängde den färgade ekonomien under Rysslands och Japans ledning in med låga löner som vapen och är i färd med att fullborda förstörelsen.[1] Men därtill kom den politiskt-sociala propagandan i ofantlig utsträckning, den egentligen asiatiska diplomatien i dessa dagar. Den tränger igenom hela Indien och Kina. Den har på Java och Sumatra lett till upprättande av en rasfront mot holländarna och till upplösning i här och flotta. Från Ostasien friar den till den mycket begåvade indianska rasen från Mexico till Chile, och den fostrar negern för första gången till en gemenskapskänsla, som riktar sig mot de vita herrefolken.

Även här har den vita revolutionen allt sedan 1770 berett marken för den färgade. Den engelsk-liberala litteraturen av en Mill och en Spencer, vars tänkande går tillbaka till sjuttonhundratalet, presterar "världsåskådningen" vid de högre skolorna i Indien. Vägen därifrån till Marx finna de unga indiska reformisterna sedan själva. Den kinesiske revolutionsledaren Sunyatsen har funnit den i Amerika. Därav har uppstått en egen revolutionslitteratur, som i sin radikalism ställer Marx och Borodin alldeles i skuggan.

Oavhängighetsrörelsen i det spanska Amerika sedan Bolivar (1811) är icke tänkbar utan den engelsk-franska revolutionslitteraturen av 1770 och Napoleons förebild, liksom icke heller den nordamerikanska mot England. Ursprungligen var det en kamp uteslutande mellan vita, mellan den kreolska jordägande aristokratien, som sedan generationer levde i landet, och den spanska ämbetsmannakåren, som upp-

[1] När man hör, att Japan på Java säljer velocipeder för 12 kronor och glödlampor för 5 öre, medan de vita länderna måste begära mångdubbelt för att blott täcka självkostnaderna, när den javanesiska småbrukaren, som har hustru och barn, bjuder ut det av honom själv skördade riset till hälften av det pris, som de moderna plantagerna med sin vita tjänstemannakår måste begära, då får man en inblick i denna kamps avgrund. Då den västerländska tekniken icke mera är någon hemlighet och fulländat efterapas, består motsatsen icke mera i produktionsmetoden, utan blott i produktionskostnaderna.

rätthöll det koloniala herreförhållandet. Bolivar, en renblodig vit, liksom Miranda och San Martin, hade för avsikt att upprätta en monarki, som skulle stödjas av en rent vit oligarki. Ännu den argentinske diktatorn Rosas — en kraftgestalt i "preussisk" stil — representerade denna aristokrati emot jakobinväsendet, som mycket snart uppträdde från Mexico till den yttersta södern, fann stöd i de kyrkofientliga frimurarklubbarna och krävde allmän jämlikhet även mellan raserna. Därmed begynte de rena indianernas och halvblodsindianernas rörelse icke blott mot Spanien, utan mot det vita blodet över huvud taget. Den har oavlåtligt fortskridit och står i dag nära målet. Redan A. v. Humboldt hade observerat stoltheten över den rent iberiska härkomsten, och ännu i dag lever i de förnäma släkterna i Chile traditionen om härkomsten från västgoter och basker.[1] Men i den anarki, som blev rådande sedan mitten av det nittonde århundradet, har denna aristokrati till stor del gått under eller vandrat tillbaka till Europa. "Los caudillos", krigiska demagoger av den färgade befolkningen, behärska politiken. Bland dem finnas även fullblodsindianer av mycket stor begåvning, såsom Juarez och Porfirio Diaz. Nu för tiden utgör det vita — eller i sin egen tro vita — överskiktet, bortsett från Argentina, en fjärdedel till en tiondedel av befolkningen. I många stater äro läkarna, advokaterna, lärarna, ja, till och med officerarna nästan uteslutande indianer och känna sig i släkt med halvblodsproletariatet i städerna, el mechopelo, i sitt hat mot de vitas äganderätt, vare sig den befinner sig i kreolska, engelska eller nordamerikanska händer. I Peru, Bolivia och Ecuador är aymara det andra förvaltnings- och undervisningsspråket. Man driver en formlig kult med inkas föregivna kommunism och understödes däruti av Moskva. Rasidealet av ett rent indianstyre står kanske inför sitt snara förverkligande. I Afrika är det den kristne missionären, framför allt den engelske metodisten, som i all oskuld — med sin lära om alla människors likhet inför Gud och det syndiga i rikedomen — plöjer mar-

---

[1] Och från de tvångsvis omvända araberna och judarna, marranerna, som man igenkänner på deras strängt katolska namn: Santa Anna, Santa Maria, San Martin.

ken, på vilken den bolsjevistiske aposteln sår och skördar. Dessutom följer den islamitiske missionären i hans spår med vida större framgång både norr- och österifrån och tränger redan fram mot Sambesi (Nyassalandet). Där det i går stod en kristen skola, står i morgon en moskéhydda. Denna religions krigiska, manliga anda är för negern mera begriplig än läran om barmhärtigheten, som blott betager honom aktningen för den vite; och i synnerhet är den kristne prästen föremål för misstro, emedan han representerar ett vitt herrefolk, mot vilket den islamitiska propagandan riktar sig med klok bestämdhet mera politiskt än dogmatiskt.

Denna färgade revolution över hela jorden går fram under mycket olika tendenser, nationella, ekonomiska, sociala. Den riktar sig offentligt än mot vita regeringar i kolonialriken (Indien) eller i det egna landet (Kaplandet), än mot ett vitt överskikt (Chile), än mot pundets eller dollarns makt, en främmande ekonomi över huvud och även mot den egna finansvärlden, emedan den gör affärer med den vita affärsvärlden (Kina), mot den egna aristokratien eller monarkien. Religiösa moment komma också till: hatet mot kristendomen eller mot allt slags prästadöme och ortodoxi över huvud, emot sed och bruk, världsåskådning och moral. Men på djupet ligger allt sedan taipingrevolutionen i Kina, seapoyupproret i Indien och mexikanernas uppror mot kejsar Maximilian överallt ett och samma: hatet mot den vita rasen och den bestämda viljan att tillintetgöra den. Det är därvid likgiltigt, om urgamla, trötta civilisationer som den indiska och kinesiska äro i stånd att hålla ordning utan främmande herravälde; det kommer blott an på, om de äro i stånd att avkasta det vita oket, och detta är nu fallet. Vilken av de färgade makterna som är närmast att bli herre, om det är Ryssland eller Japan eller en stor äventyrare med en härskara bakom sig, lika gott varifrån han kommer, det avgöres senare eller också icke alls. Den gammalegyptiska civilisationen har sedan 1000 f. Kr. bytt herrar många gånger — libyer, assyrier, perser, greker, romare. Den var aldrig duglig till självstyrelse, men alltid till ett segerrikt uppror. Och huruvida bland de många andra målen också blott ett enda förverkligas eller kan förverkligas, den frågan är närmast fullkomligt en bisak. Den stora historiska frågan är, om det lyckas att störta de vita makterna eller icke. Och därom har utbildat sig en tungt vägande enhet i beslutet, som manar till eftertanke. Och vilka krafter besitter den vita världen till andligt och materiellt motstånd mot denna fara?

20.

Mycket få, synes det närmast. Även de vita folken hava blivit trötta på kulturen. Den andliga substansen har förtärts i elden av den höga formen och i kampen om inre fullkomning. I många fall är ännu blott glöd kvar, ofta blott aska, men det gäller icke överallt. Ju mindre ett folk indragits i en förgången historias virvel såsom ledande, desto mer har det bevarat av det slags kaos, som kan bliva form. Och när stora avgörandens storm brusar fram över det, såsom 1914, slå de gömda gnistorna plötsligt upp som lågor. Just i den germanska rasen, som är den viljestarkaste, sova ännu stora möjligheter.

Men när här talas om ras, menas det icke i den betydelse, som nu är på modet bland antisemiter i Europa och Amerika, nämligen darwinistiskt, materialistiskt. Rasrenhet är ett groteskt ord med hänsyn till det faktum, att alla stammar och arter blandat sig sedan årtusenden, och att just krigiska, d. v. s. sunda, framtidsrika släkter i alla tider gärna i sig inlemmat en främling, om han var "av ras", likgiltigt vilken ras han tillhörde. Den, som talar för mycket om ras, den har ingen ras mera. Det kommer icke an på r e n h e t e n, utan på s t y r k a n i den ras, som ett folk har uti sig.

Detta visar sig närmast i den s j ä l v k l a r a, elementära fruktsamheten, b a r n r i k e d o m e n, som det historiska livet kan förbruka, utan att någonsin uttömma den. Gud är enligt det bekanta ordet av Fredrik den store alltid med de starkaste bataljonerna — det visar sig just här. Miljonerna av fallna i världskriget voro i rasavseende det bästa, som de vita folken hade, men rasen y t t r a r s i g i den snabbhet, varmed de kunna ersättas. En ryss sade till mig: vad vi offrat i revolutionen, det ger den ryska kvinnan igen på tio år. Det är den riktiga instinkten. Sådana raser äro oemotståndliga. Malthus' triviala lära att prisa ofruktsamheten som ett framåtskridande, vilken nu predikas i alla vita länder, bevisar blott, att dessa intellektuella äro utan ras, alldeles bortsett från den efterblivna åsikten, att ekonomiska kriser skulle kunna undanröjas genom befolkningsminskning. Motsatsen är fallet. De "starka bataljonerna", utan vilka det icke gives någon stor politik, giva även det ekonomiska livet skydd, kraft och inre rikedom.

Kvinnan av ras vill icke vara "kamrat" eller "älskarinna", utan m o d e r, och icke moder till e t t barn, som leksak eller tidsfördriv, utan till många: i stoltheten över barnrikedom, i känslan att ofruktsamhet är den hårdaste förbannelse, som kan drabba en kvinna och genom henne släktet, talar instinkten hos starka raser. Från den stammar den urgamla svartsjuka, med vilken en kvinna söker slita från en annan den man, som hon själv vill äga som fader till sina barn. Storstädernas mera andliga svartsjuka, som är föga mer än erotisk åtrå och som värderar den andra parten som njutningsmedel, blotta r e f l e k t e r a n d e t över det önskade eller fruktade barnantalet förråda redan rasens slocknande drift till f o r t v a r o, som icke låter återuppväcka sig genom tal och skrifter. Uräktenskapet — eller vad gammal folksed eljest känner till i djupt rotade bruk för att helga avlelsen — är allt annat än sentimentalt. Mannen vill hava duktiga söner, som låta hans namn och gärningar fortvara och växa bortom hans egen död in i framtiden, liksom han själv känner sig som arvinge till sina förfäders ära och gärning. Detta är den n o r d i s k a odödlighetsidén. Någon annan hava dessa folk icke känt eller velat. Därpå beror den väldiga trängtan efter ryktbarhet, önskan att fortleva i något verk bland de efterkommande, att se sitt namn förevigat på minnesvårdar eller åtminstone få ett ärofullt eftermäle. Därför kan arvstanken icke skiljas från det germanska äktenskapet. N ä r ä g a n d e r ä t t e n s i d é f ö r f a l l e r, upplöses familjens betydelse till intet. Den som vänder sig mot den ena angriper även den andra. Arvstanken, som häftar vid varje bondgårds, varje verkstads, varje gammal firmas tillvaro, vid ärvda yrken,[1] och som funnit sitt högsta symboliska uttryck i den ärftliga monarkien, borgar för rasinstinktens styrka. Socialismen icke blott angriper den, utan är redan genom sin blotta tillvaro ett tecken till dess nedgång. Men den vita familjens förfall, den oundgängliga yttringen av storstadslivet, griper nu för tiden omkring sig och förtär nationernas "ras". B e t y d e l s e n av man och kvinna går förlorad, viljan till f o r t v a r o. Man lever blott för sig själv, icke för släkternas framtid. Nationen som samhälle, ursprungligen en organisk vävnad av f a- m i l j e r, hotar att upplösas i en summa p r i v a t a a t o- m e r, av vilka var och en vill hämta mesta möjliga mängd nöje — *panem et circenses* — av sitt och andras liv. Ibsentidens kvinnoemancipation begär icke frihet från mannen, utan från barnet, från b a r n a b ö r d a n och den samtidiga mansemancipationen begär frihet från plikterna för familj, folk och stat. Hela den liberal-socialistiska problemlitteraturen rör sig om detta den vita rasens självmord. Det har varit likadant i alla andra civilisationer.

Följderna ligga inför våra ögon. De färgade raserna i världen voro förut dubbelt så manstarka som de vita. Men omkring 1930 hade Ryssland ett årligt födelseöverskott av fyra, Japan av två miljoner, Indien har ökat med 34 miljoner under tiden 1921—1931. I Afrika komma negrerna med sin ofantliga fruktsamhet att föröka sig ännu väldigare, sedan den europeiska medicinen gjort sitt intåg där och hejdat det starka urvalet genom sjukdomar. Gentemot detta ha Tyskland och Italien ett födelseöverskott av mindre än en halv miljon, England, den öppet anbefallda födelseinskränkningens land, mindre än hälften, Frankrike och de infödda yankees i Förenta staterna intet överskott.[2] De sistnämnda, den hittills härskande "rasen" av gammal prägel,

---
[1] D ä r f ö r gives det officers-, domare- och prästsläkter. D ä r p å bero adel, patricieväsen och skrån.
[2] På samma sätt är det med det vita elementet i Sydafrika och Australien.

Avgörande år

försvinna raskt sedan årtionden tillbaka. Befolkningsökningen ligger helt och hållet på negrernas och de sedan 1900 invandrade öst- och sydeuropéernas sida. I Frankrike hava många departement på de senaste femtio åren förlorat över en tredjedel av sin folkmängd. I en del är födelsetalet hälften lägre än antalet dödsfall. Några småstäder och många byar stå nästan tomma. Från söder tränga kataloner och italienare in som bönder; polacker och negrer överallt till och med i medelklassen. Det finnes svarta präster, officerare och domare. Dessa inflyttade, långt över en tiondedel av invånarantalet, hålla ensamma med sin fruktsamhet "fransmännens" befolkningstal tillnärmelsevis uppe. Men den äkte fransmannen kommer inom överskådlig tid icke mer att vara herre i Frankrike. Den skenbara ökningen av hela den vita befolkningen på jorden, så ringa den än är i förhållande till de färgades tillväxt, beror på en tillfällig illusion: antalet barn blir allt mindre, och blott antalet vuxna tilltager, icke därför att de äro flera, utan därför att de leva längre.

Men till en stark ras hör icke blott ett outtömligt födelsetal, utan också ett hårt u r v a l genom livets motigheter, olycka, sjukdom och krig. Adertonhundratalets medicin, en äkta produkt av rationalismen, är från denna sida sedd likaledes ett ålderdomsfenomen. Den förlänger varje liv, antingen det förtjänar att levas eller icke. Den förlänger till och med döden. Den ersätter antalet barn med antalet gubbar. Den närmar sig världsåskådningen om *panem et circenses*, i det den mäter livets värde efter levnadsdagarnas kvantum, icke efter deras halt. Den hindrar det naturliga urvalet och stegrar därigenom rasförfallet. Antalet obotligt sinnessjuka har i England och Wales på de senaste tjugu åren stigit från 4,6 till 8,6 pro mille. I Tyskland utgör antalet i andligt avseende undermåliga nästan en halv miljon, i Förenta staterna vida över en miljon. Enligt en rapport av förre presidenten Hoover hava av Amerikas unga generation 1.360.000 fel i tal- och hörselorgan, 1.000.000 hjärtfel, 875.000 äro vanartade eller brottslingar, 450.000 i andligt avseende undermåliga, 300.000 krymplingar, 60.000 blinda. Men härtill kommer den ofantliga mängden i andligt, själsligt och kroppsligt avseende abnorma av alla slag, de hysteriska, själs- och nervsjuka, som varken kunna avla eller föda friska barn. Deras antal kan icke fastslås, men det framgår av antalet läkare, som leva därav, och den massa böcker, som skrivas därom. Ur en sådan avkomma utvecklas såväl det revolutionära proletariatet med de misslyckade existensernas hätskhet som ock salongsbolsjevismen hos esteterna och litteratörerna, vilka njuta och förkunna sinnesretelsen i sådana själstillstånd.

Det är ett bekant faktum, att en betydande människa sällan är första och nästan aldrig enda barnet. Det barnfattiga äktenskapet riktar sig icke blott mot kvantiteten, utan framför allt även mot kvaliteten i rasen. Vad ett folk behöver lika nödvändigt som en sund ras i sig själv är befintligheten av ett urval av överlägsna personer, som leda det. Men ett urval, sådant den engelska kolonialtjänsten och den preussiska officerskåren — liksom också den katolska kyrkan — utbildade, i det de obönhörligt och utan hänsyn till penningar och härkomst endast läto moralisk halt och förmåga att reda sig i svåra lägen bliva bestämmande, blir omöjligt, när det förefintliga materialet ingenstädes höjer sig över medelmåttan. Livets urval måste hava gått före: då först kan ståndsurvalet ske. Ett starkt släkte behöver starka föräldrar. Något av urtidens barbari måste ännu ligga i blodet under en gammal kulturs pedanteri, vilket bryter fram i svåra tider för att rädda och segra.

Detta barbari är vad jag kallar stark ras[1], det evigt krigiska i rovdjurstypen människa. Det tyckes ofta icke mera existera, men det ligger i själen, berett till språng. En stark utmaning, och det har fienden under sig. Det är utdött blott där, varest de sentida städernas pacifism vältrar sin dy över generationerna, en trött åstundan efter ro till varje pris, undantagandes priset av det egna livet. Det är den själiska självavväpningen efter den kroppsliga avväpningen genom ofruktsamhet.

Varför är det tyska folket det mest oförbrukade folket i den vita världen och således det, på vilket man törs hop-

---

[1] Jag upprepar: ras, som man h a r, icke en ras, som man t i l l h ö r. Det ena är ethos, det andra — zoologi.

pas starkast? Därför att dess politiska förflutna icke givit det något tillfälle att s l ö s a b o r t sitt värdefullaste blod och sina stora begåvningar. Det är den enda välsignelsen av vår eländiga historia sedan 1500. Den har s p a r a t oss. Den gjorde oss till drömmare och teoretiker i den stora politikens ting, världsfrämmande och blinda, inskränkta, grälsjuka och kälkborgerliga, men allt detta kan övervinnas. Det var intet organiskt fel, ingen medfödd brist på begåvning, såsom kejsartiden bevisar. Det dugande blodet, grundvalen även för allt slags andlig överlägsenhet, fanns och har bevarats. Den stora historien är anspråksfull. Den förtär de i rasavseende bästa elementen. Den förtärde romardömet på ett par århundraden. Då den nordiska folkvandringen, som avstannat i Sydeuropa, efter tusen år åter började i stor stil med Amerikas upptäckande och fortsattes över haven, gingo Spaniens kraftfulla släkter av till stor del nordisk härkomst dit bort, där de kunde kämpa, våga och härska. Den värdefullaste aristokratien av spansk prägling satt där omkring 1800, och det starka livet slocknade i moderlandet. På samma sätt har Frankrikes till herradöme kallade överskikt förbrukats på den stora politiken allt sedan Ludvig XIII och icke blott på den — även den höga kulturen betalas dyrt — och ännu mer det anglosaxiska överskiktet på det engelska världsriket. Vad här fanns av överlägsna släkter sände icke männen till hemlandets kontor och småtjänster. De följde vikingadriften efter ett liv i fara och gingo under över allt i världen i tallösa äventyr och krig, blevo förstörda av klimatet eller stannade i fjärran land, där de t. ex. i Amerika bildat grundvalen för ett nytt herreskikt. Det som stannade kvar, blev "konservativt", det betyder här: improduktivt, trött, fullt av ofruktsamt hat mot allt nytt och ej förut sett. Även Tyskland har förlorat ganska mycket av sitt bästa blod i främmande härar och till främmande nationer. Men provinsialismen i dess politiska förhållanden stämde ned de begåvades äregirighet till att tjäna vid små hov, i små härar och styrelser.[1] De hava här förblivit ett sunt och frukt-

---
[1] Utom i den habsburgska staten, som likaledes urlakat och bortslösat tyskheten inom sina gränser.

samt medelstånd. Adeln förblev till större delen en högre bondeklass. Det fanns ingen stor värld och intet rikt liv. "Rasen" hos folket sov och väntade på en stor tids väckelserop. Häri ligger trots de senaste årtiondenas förödelser, en skatt av dugande blod, sådant intet annat land äger. Denna skatt k a n väckas och m å s t e förandligas för att vara redo och verka för framtidens väldiga uppgifter. Kampen om planeten har börjat. Det liberala århundradets pacifism måste övervinnas, om vi vilja fortfara att leva. Huru långt hava de vita folken redan skridit in i denna pacifism? Är skriet mot kriget en andlig gest eller den allvarliga avdankningen inför historien på bekostnad av värdighet, ära, frihet? Men livet är k r i g. Kan man taga farväl av livets mening och dock behålla det? Behovet av fellahaktig ro, av trygghet mot allt, som stör dagarnas lunk, mot ödet i varje skepnad synes vilja detta: ett slags *mimicry* gentemot världshistorien, då mänskliga kryp ställa sig som döda inför faran, *the happy end* på en tillvaro utan innehåll, i vars tråkighet jazzmusik och negerdanser celebrera en stor kulturs dödsmarsch.

Men så kan det icke, får det icke vara. Haren lurar kanske räven. Människan kan i c k e lura människan. Den färgade genomskådar den vite, då han talar om "mänsklighet" och evig fred. Han vädrar oförmågan och den felande viljan att försvara sig. Här behöves en stor fostran, en sådan, som jag betecknat som p r e u s s i s k, och som man gärna för mig må kalla "socialistisk" — ord göra intet till saken — en fostran, som genom levande förebild väcker den sovande kraften, icke skola, vetande, bildning, utan s j ä l s- t u k t, som hämtar upp i dagen vad som ännu finnes, stärker det och driver det till ny blomning. Vi kunna icke tillåta oss att vara trötta. Faran klappar på dörren. De färgade äro i c k e pacifister. De hänga i c k e fast vid ett liv, vars längd är dess enda värde. D e t a g a u p p s v ä r d e t, d å v i l ä g g a n e d d e t. De hava en gång fruktat den vite, de förakta honom nu. I deras ögon står domen skriven, när vita män och kvinnor inför dem uppföra sig så, som de göra, hemma eller i de färgade länderna själva. En gång grepos de av förfäran för vår makt, liksom germanerna för de första romerska legionerna. I dag, då de själva äro en makt, sträcker deras hemlighetsfulla själ på sig, den vi aldrig skola förstå — och ser ned på den vite såsom något som varit i går.

Men den största faran är icke alls nämnd ännu: hur skall det gå, om en dag klasskamp och raskamp s l u t a s i g s a m m a n för att göra slut på den vita världen? Detta ligger i tingens natur och ingen av de båda revolutionerna skall försmå den andras hjälp blott därför att den föraktar dess bärare. Gemensamt hat släcker ömsesidigt förakt. Och hur skall det gå, om en v i t äventyrare ställer sig i spetsen för dem — många sådana hava vi redan upplevat — en, vars vilda själ icke kunnat andas i civilisationens drivhus och som försökt mätta sig på faror i vågade kolonialföretag, bland pirater, i främlingslegionen, tills han här plötsligt ser ett stort mål för sina ögon? Med sådana naturer förbereder historien sina stora överraskningar. Djupa och starka människors äckel för våra förhållanden och hatet hos djupt besvikna naturer skulle nog kunna stegra sig till en revolt, som vill förintelse. Även detta var icke främmande för Cæsars tid. I allt fall: när det vita proletariatet i Förenta staterna bryter löst, kommer negern att vara på platsen och bakom honom skola indianer och japaner vänta på sin stund. Det svarta Frankrike skulle i så fall icke heller tveka att överträffa scenerna i Paris 1792 och 1871. Och skulle klasskampens vita ledare väl vara förlägna, om färgade oroligheter banade väg för dem? De hava aldrig varit granntyckta i sina medel. Ingenting skulle ändras, om Moskva förstummades som ordergivare. Det har gjort sitt verk. Verket fortsättes av sig självt. Vi hava fört våra krig och klasstrider inför de färgades ögon, förnedrat och förrått varandra inbördes; vi hava uppfordrat dem att deltaga. Skulle det vara underligt, om de till slut gjorde detta även för egen räkning?

Här reser sig den kommande historien högt över ekonomiska trångmål och inrikespolitiska ideal. Här träda livets elementära makter själva in i den kamp, som gäller allt eller intet. Cesarismens form kommer mycket snart att bliva förebilden, blott ännu bestämdare, mera medvetet och ohöljt. Maskerna från tiden för parlamentariska mellantillstånd skola alldeles falla. Alla försök att uppfånga i partier vad framtiden bär i sitt sköte skola hastigt glömmas. Dessa årtiondens fascistiska bildningar skola övergå i nya former, som icke kunna förutses, och även nationalismen av i dag skall försvinna. Såsom formgivande makt förbliver endast den krigiska "preussiska" andan, överallt, icke blott i Tyskland. Ödet, som en gång kramats ihop i skickelsedigra former och stora traditioner, kommer att göra historia i skepnad av formlösa enskilda makter. Cæsars legioner vakna upp igen.

Här, kanske redan i detta århundrade, vänta de sista avgörelserna på sin man. Inför dem sjunka dagspolitikens små mål och begrepp ihop till intet. Den, vars svärd här tillkämpar sig segern, blir världens herre. Där ligga tärningarna till det väldiga spelet. V e m v å g a r k a s t a d e m?

*I n n e h å l l*

Den politiska horisonten 13
Tyskland är ingen ö 13. — Ångest för verkligheten 15. — Rationalism och romantik 17. — Den illusoriska freden 1871—1914 22. — Tidens storhet 23.

Världskrigen och världsmakterna 28
Världskrigens tidsålder 28. — Mellan förgångna och kommande maktformer, Metternich 31. — Det första världskriget hotande sedan 1878 32. — 1918 ingenting avgjort 34. — Slut på "Europa", suveränitetens förfall sedan Wienkongressen 36. — Demokratisk nationalism 37. — Ekonomien mäktigare än politiken: den ekonomiska katastrofens embryo 40. — Arméernas och de strategiska tankarnas omvandling 44. — Flottor och kolonier 47. — Ekonomisk krigföring 50. — Nya makter 53. — Ryssland åter asiatiskt 54. — Japan 57. — Förenta staterna och revolutionen 59. — England 63. — Frankrike 65. — Avstående från världspolitik skyddar icke för dess följder 68.

Den vita världsrevolutionen 69
"Revolutionen nedifrån". Gracchernas tidsålder i Rom 69. — Icke ekonomisk, utan kommunal: samhällets sönderfallande 73. — Samhället som rangordning 75. — Skiljaktigheter, icke motsatser 77. — Storstadens undre värld: "förnäm" och "simpel" 78. — Revolutionens mål: samhällets nivellering. Demokrati = bolsjevism 80. — Egendom, lyx, rikedom 81. — Klasskampen börjar omkring 1770 86. — I England 87. — Enhet i rörelsen från liberalism till bolsjevism 89. — Sedan 1840 mobilisering av "arbetarklassen". "Proletariatets diktatur" 90. — Yrkesagitation 91. — Bolsjevismen icke rysk 93. — Tolerans från det liberala samhällets sida 95. — "Arbetarkulten" 97. — Demagogtypen 99. — Kyrka och klasskamp, kommunism och religion 100. — Ekonomisk egoism som klasskampsmoral 105. — Den revolutionära teoriens tidsålder 1750—1850. Nationalekonomien sedan 1770 hör hit 108. — Klasskampens negativa ideal: förstöring av rangordningen sedan 1770, av den ekonomiska ordningen sedan 1840 110. — "Kapitalism" och "socialism" som moralbegrepp 111. — Socialism som kapitalism nedifrån 112. — Den vita revolutionen i dag vid målet: den världsekonomiska krisen sedan 1840 åsyftad av proletariatets ledare 114. — Arbetarledaren som segrare från 1918 117. — Klasskamp genom arbetstidens förkortning och lönehöjning 119. — Mervärdeteorien såsom vapen ersatt med de politiska lönernas praktik 121. — Den politiska lönens omfång och verkan 123. —

Det lägre massarbetets seger över ledararbetet 125. — Bondedöme och städernas lyxlöner 127. — Den ekonomiska utvecklingens sjukliga tempo en följd av lönetrycket 128. — Finanskapitalets utvidgning ännu en följd 129. — Slut på de vita arbetarnas industrimonopol 130. — De färgades löner införda i kampen 131. — Omkring 1900 är den vita ekonomien redan undergrävd 132. — Sammanbrottet icke förorsakat av världskriget utan endast icke längre hejdat 134. — Sedan 1916 arbetarpartiernas diktatur över stat och ekonomi. Arbetslösheten 135. — Samhällets utplundring 136. — Brist på insikt. Inflation, anarki, arbetsanskaffning 138. — Klasskampen ännu icke slut 140. — Två fronter 141. — Vad är "vänster"? 143. — Fascismens betydelse 144. — Preussaranda och socialism 146. — Resultatet av "revolutionen nedifrån". Cesarism 151. — Individualism som nordisk livsform 154.

Den färgade världsrevolutionen 157

De två revolutionernas faktum: klasskamp och raskamp 157. — "Revolutionen utifrån" mot romerska imperiet 158. — De vita folkens belägenhet. Versailles en seger för den färgade världen 160. — Det aktiva Asien: Ryssland och Japan 161. — Indianer 164. — Negrer 165. — Indien och Kina 166. — De vita folkens trötthet: ofruktsamhet 167. — Pacifism, panem et circenses 171. — Faran av samförstånd mellan de färgade och det vita proletariatet 174. — Inträde i de avgörande årtiondena 175.

12. — Avgörande år.

Tidigare utgivet av Arktos

Engelsk utgivning:

Beyond Human Rights
av Alain de Benoist

The Problem of Democracy
av Alain de Benoist

Revolution from Above
av Kerry Bolton

Germany's Third Empire
av Arthur Moeller van den Bruck

Metaphysics of War
av Julius Evola

*The Path of Cinnabar:
An Intellectual Autobiography*
av Julius Evola

Archeofuturism
av Guillaume Faye

Why We Fight
av Guillaume Faye

The WASP Question
av Andrew Fraser

The Saga of the Aryan Race
av Porus Homi Havewala

The Owls of Afrasiab
av Lars Holger Holm

De Naturae Natura
av Alexander Jacob

Can Life Prevail?
av Pentti Linkola

A Handbook of Traditional Living
av Raido

*The Jedi in the Lotus: Star Wars and the
Hindu Tradition*
av Steven J. Rosen

It Cannot Be Stormed
av Ernst von Salomon

Tradition & Revolution
av Troy Southgate

*Against Democracy and Equality: The
European New Right*
av Tomislav Sunic

The Initiate: Journal of Traditional Studies
av David J. Wingfield (red.)

Svensk utgivning:

Drömmen om ultima thule
av Lars Holger Holm

Helvetets förgård
av Lars Holger Holm

Provinsen
av Lars Holger Holm

Örnen landar
av Lars Holger Holm

Vattnet under broarna
av Henrik Johansson

Den forna seden
av Östen Kjellman

Avgörande är
av Oswald Spengler

Människan och tekniken
av Oswald Spengler

Preusseri och socialism
av Oswald Spengler